Raquel Bahiense

Comunicação
escrita

Orientações para redação:
dos critérios do Exame Nacional
do Ensino Médio, o Enem,
à comunicação administrativa

Dados Internacionais de Catalogação na Publicação (CIP)
(Simone M. P. Vieira – CRB 8ª/4771)

Bahiense, Raquel
 Comunicação escrita: orientações para redação: dos critérios do Exame Nacional do Ensino Médio, o Enem, à comunicação administrativa / Raquel Bahiense. – São Paulo: Editora Senac São Paulo, 2022.

 Bibliografia.
 ISBN 978-85-396-3234-3 (impresso/2022)
 e-ISBN 978-85-396-2053-1 (PDF/2017)
 e-ISBN 978-65-5536-966-3 (ePub/2021)

 1. Redação : Língua Portuguesa 2. Comunicação escrita 3. Gramática I. Título.

21-1430t
CDD – 469.81
BISAC LAN001000
LAN005000
LAN007000

Índices para catálogo sistemático:

1. Redação : Língua Portuguesa   469.81

Raquel Bahiense

Comunicação escrita

Orientações para redação:
dos critérios do Exame Nacional
do Ensino Médio, o Enem,
à comunicação administrativa

Editora Senac São Paulo – São Paulo – 2022

Administração Regional do Senac no Estado de São Paulo
Presidente do Conselho Regional: Abram Szajman
Diretor do Departamento Regional: Luiz Francisco de A. Salgado
Superintendente Universitário e de Desenvolvimento: Luiz Carlos Dourado

Conselho Editorial: Luiz Francisco de A. Salgado
Luiz Carlos Dourado
Darcio Sayad Maia
Lucila Mara Sbrana Sciotti
Luís Américo Tousi Botelho

Gerente/Publisher: Luís Américo Tousi Botelho
Coordenação Editorial: Verônica Pirani de Oliveira
Prospecção: Andreza Fernandes dos Passos de Paula, Dolores Crisci Manzano, Paloma Marques Santos
Administrativo: Marina P. Alves
Comercial: Aldair Novais Pereira
Comunicação e Eventos: Tania Mayumi Doyama Natal

Redação administrativa: Claudio Manoel Valente Machado
Revisão: Tereza da Rocha e Talita Guimarães Correa
Projeto gráfico, diagramação e capa: Ampersand Comunicação Gráfica
Impressão e Acabamento: PifferPrint

Todos os direitos desta edição reservados à:
Editora Senac São Paulo
Av. Engenheiro Eusébio Stevaux, 823 – Prédio Editora
Jurubatuba – CEP 04696-000 – São Paulo – SP
Tel. (11) 2187-4450
editora@sp.senac.br
https://www.editorasenacsp.com.br

© Editora Senac São Paulo, 2022

Sumário

Nota do editor 7
Prefácio 8
Agradecimentos 11

CAPÍTULO 1 | **Norma culta: dela você não escapa!** 13
    O que é linguagem formal? E informal? 17
    Concordância com sujeito coletivo 18
    A questão do **se** 20
    Crase 22
    Vírgula 28
    Homônimos / parônimos 32
    Os porquês 39
    Considerações finais 41

CAPÍTULO 2 | **Desenvolva o tema sem fugir do assunto** 43
    Dissertar é a mesma coisa que argumentar? 45
    Como ser coerente 47
    Na hora da redação 53
    Leitura: uma necessidade 54
    Cuidado com os modismos 58
    Considerações finais 61

CAPÍTULO 3 | **Escreva para ser compreendido: arrume suas ideias** 63
    Roteiro para a elaboração de um texto 64
    Coesão 68
    "Queísmo": o excesso de **quês** 70
    Como escrever direito 73
    Sinônimos 79
    Considerações finais 81

CAPÍTULO 4 | **Isso faz sentido para você? E para o seu leitor?** 83

    Como argumentar? 84

    Clareza 87

    Gerundismo 91

    Relatório – uma técnica 94

    Considerações finais 96

CAPÍTULO 5 | **Defenda suas ideias, mas procure não ofender ninguém** 97

    Análise crítica de textos 98

    Apure o senso crítico 101

    Pleonasmos 105

    Ambiguidade 106

    Considerações finais 109

CAPÍTULO 6 | **Você no escritório: a redação administrativa** 111

    Ata 112

    Ficha de registro de reunião 115

    Bilhete 116

    Carta comercial 117

    Circular 121

    Currículo ou *curriculum vitae* 122

    Declaração ou atestado 125

    Memorando 127

    Ofício 128

    Procuração 132

    Requerimento 135

    Correspondência eletrônica 139

    Abreviaturas e siglas 141

Referências 148

Nota do editor

Um jovem estudante e um funcionário administrativo de qualquer idade transitam em dois mundos diferentes, dois universos de interesse distintos. Mas uma coisa eles têm em comum: a necessidade de escrever bons textos. Isso porque escrever bem é uma competência pertinente a todos os que precisam expressar suas ideias – ou as de outra pessoa –, seja na escola, no vestibular ou no trabalho.

Afinal, as diferenças entre o texto de uma redação para o vestibular e o de uma carta comercial limitam-se à intenção e à forma. Para serem lidos e entendidos, ambos precisam ter clareza, correção gramatical, coesão, boa argumentação e um vocabulário apurado. Além disso, muitas vezes o vestibulando de hoje é o funcionário administrativo de amanhã e vice-versa.

Pensando assim, o Senac São Paulo publica *Comunicação escrita*, com orientações para quem precisa produzir textos em seu dia a dia. Para escrevê-lo, convidamos a professora Raquel Bahiense, que há 26 anos se dedica ao ensino da língua portuguesa, tanto para alunos do ensino médio como para profissionais de diversas empresas.

O livro está baseado nos cinco critérios para redação exigidos pelo Exame Nacional do Ensino Médio (Enem), criado pelo MEC em 1998, para avaliar as competências da escolarização básica de todos os alunos que concluem o ensino médio. Para os que precisam também de redação administrativa, um capítulo dedicado exclusivamente à comunicação empresarial traz orientações e exemplos dos principais tipos de textos usados em ofícios, memorandos, atas, cartas comerciais e outros.

Prefácio

Há dez, quinze anos, as empresas necessitavam de funcionários que soubessem falar fluentemente inglês ou outra língua estrangeira; lidar com a informática, entre outras competências. E a língua portuguesa, o falar corretamente, o redigir com clareza, objetividade foram – aos poucos – sendo esquecidos. Sempre havia alguém no departamento que "escrevia bem" e era comum pedir uma ajuda a essa pessoa. Não havia uma preocupação tão grande com os ruídos da comunicação.

O tempo passou, trazendo novos paradigmas, outros conceitos, novas avaliações. Com isso, redigir as mensagens eletrônicas (*e-mails*), por exemplo, tornou-se, para algumas pessoas, um obstáculo a ser transposto. Atualmente, não dá mais para pedir ao colega que escreva ou leia seja lá o que for, simplesmente por uma razão – não há mais tempo. Você é quem deve fazê-lo com objetividade, clareza e de acordo com a norma culta da língua portuguesa. Diariamente são redigidos milhões de mensagens eletrônicas, cartas, memorandos, relatórios, redações em escolas e concursos etc. em todo o mundo. Por isso, entre as competências do profissional, a comunicação, oral e escrita, tem sido uma das mais exigidas pelo mercado de trabalho.

Entretanto o adulto tem estruturas internas rígidas. Ouve diariamente, inclusive nos meios de comunicação, diversos vícios de linguagem, como "vou estar mandando", "a nível de", "enquanto deputado" etc., acha simpático e acaba repetindo tais tolices! Não sabe direito quando usar afim ou a fim de, mas não importa... ele tem corretor ortográfico instalado em seu computador. Tem certeza de que ratificar é confirmar e retificar... como é mesmo? E surgem dúvidas, dúvidas que se acumulam. Ele finge que não vê, não se imagina fazendo uma atualização em língua portuguesa. Para quê? E também não entende quando alguém lhe chama a atenção sobre algo errado em algum texto ou tem de refazer inúmeras vezes a mesma carta.

Mas as empresas têm conhecimento do grande problema que é a comunicação e as escolas sabem da importância da redação. Hoje, inúmeras organizações investem em palestras e cursos de redação para seus empregados. As dificuldades são sanadas por meio da lógica de raciocínio. Tenta-se ensinar a redigir textos com início, meio e fim; a obter clareza, coerência e coesão textuais; a atentar para um bom uso do vocabulário; a minimizar os modismos; a rever regras de pontuação; a usar os parônimos e homônimos corretamente, entre tantas outras questões.

A proposta deste livro é levar o leitor a apreender conceitos novos, rever os antigos, quebrar paradigmas, assimilar concepções, enfim, ajudá-lo a se aprimorar como pessoa e como profissional. O caminho escolhido para apresentar o conteúdo foi a adaptação das competências do Exame Nacional do Ensino Médio (Enem), que traduzem as exigências de uma boa escrita. São elas:

Competência 1 – demonstrar o domínio básico da norma culta da língua escrita.

Competência 2 – compreender o tema proposto e aplicar conceitos de várias áreas de conhecimento para explicá-lo, defendê-lo ou contradizê-lo, desenvolvendo-o dentro dos limites estruturais do texto dissertativo.

Competência 3 – selecionar, organizar e relacionar os argumentos, fatos e opiniões apresentados em defesa de sua perspectiva sobre o tema proposto.

Competência 4 – construir argumentação consistente para defender seu ponto de vista.

Competência 5 – elaborar proposta de intervenção sobre o tema desenvolvido, mostrando respeito à diversidade de pontos de vista culturais, sociais, políticos, científicos e outros.

O livro trata ainda da correspondência oficial: como redigir cartas, memorandos, ofícios, requerimentos, declaração, procuração, ata, ou mesmo um simples bilhete. A apresentação de um currículo e o uso correto de abreviaturas e formas de tratamento são outros assuntos tratados.

Com ele, espero ajudá-lo a se tornar um redator mais objetivo, claro e coerente. Sucesso nesta nova empreitada!

Raquel Bahiense
Março de 2005

Agradecimentos

A Zuleica e Celso, meus pais, pela dedicação de toda uma vida.

A Bianca, Pedro e Bárbara, meus filhos, por existirem. Sem eles, nada faria sentido.

A Marília Pessoa, minha editora e amiga, pelo convite.

A Ana Lucia Longo e Flavia Sollero pela amizade sólida.

Aos alunos – tão queridos – que passaram pela minha vida, pelo aprendizado mútuo.

A todos que – direta ou indiretamente – ajudaram na feitura deste livro, principalmente a Marcia Capella pelas sugestões dadas.

CAPÍTULO 1

Norma culta: dela você não escapa!

Não basta ter boas ideias,
é preciso também conhecer
o padrão culto da língua portuguesa.
*De acordo com o **Enem**, para escrever*
uma boa redação, você deve
demonstrar o domínio básico
da norma culta da língua escrita.

Em vez de ou ao invés de? A princípio ou em princípio? Aonde ou onde? Vírgula entre sujeito e verbo é possível ou não? Usa-se crase diante de palavra masculina? Tantas dúvidas, não? No mundo atual, há bastantes recursos que nos auxiliam. Dicionários, manuais de redação, gramáticas e corretores ortográficos instalados em computadores ajudam muito, mas não substituem você na hora de escrever.

O país passou por uma reforma ortográfica. Desde 2011, tivemos de entender e assimilar as novas regras. Há pessoas que as confundem. Se este é seu caso, não se preocupe. Você não é o único. Às vezes, achamos que aquela forma é a correta porque aprendemos assim; outras, lemos algo com erro e o assimilamos. Ou a vida não nos deu tempo para uma atualização!

Neste primeiro capítulo, nosso propósito é sanar as principais dúvidas de grafia (homônimos/parônimos), perceber as diferenças entre a linguagem informal e a formal, rever alguns casos específicos de concordância, entender um pouco mais o uso do **se** nas orações, assimilar as colocações corretas tanto da vírgula quanto da crase e o uso dos **porquês**.

Vamos lá? Leia com atenção:

Carnaval em Salvador: vem com a gente pra você ver o que é bom.

A linguagem publicitária, muitas vezes, transgride as normas da nossa língua em nome de uma comunicação mais direta, mais fácil. Por exemplo: nesse anúncio, de uma agência de viagens, há dois erros. Saiba quais: **você** se refere à terceira pessoa do singular e **vem**, à segunda. O erro está no mesmo nível do conhecido **nós vai**. **Nós** se refere à primeira pessoa do plural e **vai**, à terceira. Além

– é claro – do **pra**, que não existe na linguagem formal. O certo é **para**. Logo, o correto é:

> **Carnaval em Salvador: venha com a gente para você ver o que é bom.**

É interessante observar que muitas pessoas só atentam para os erros após a explicação. Logo, é necessário ter bastante cuidado com as "facilidades" da linguagem publicitária.

> **Tem coisas que a gente prefere não ver.**

É comum ouvirmos tal frase, daí ser também usual cometermos este erro na escrita. O **tem** deveria estar acentuado, já que **coisas** é plural e leva o verbo para a terceira pessoa do plural. Lembre-se: **ele tem** (3ª pessoa do singular); **eles têm** (com acento, 3ª pessoa do plural). Então, deveria ser:

> **Têm coisas que a gente prefere não ver.**

> **Vou te contar um segredo: sabe onde você vai em julho? Paris!**

Este terceiro exemplo apresenta dois erros: primeiramente, **te** e **você** não concordam (te = 2ª pessoa do singular; você = 3ª), e **onde** indica permanência. O correto é:

> **Vou lhe contar um segredo: sabe aonde você vai em julho? Paris!**

Leia o anúncio:

É massa, brother.

Brother, dentro dessa nova edição do *Vestibular 500 testes* tem tudo para que o próximo vestiba role na maior.

Só de português são 80 questões, sendo 50 testes e 30 escritas.

Fora as questões de física, química, biologia, história, geografia, matemática e inglês.

Ah, tem uma lista de livros e uma série de dicas que você precisa ficar por dentro antes de encarar os exames.

Vestibular 500 testes, especial do *Guia do estudante*.

Desencana, brother. Vestibular agora é manha.

(FIORIN, 1998)

Essa linguagem é informal, com vocabulário bastante usado pelos jovens. Não há preocupação com a norma culta da língua. Correto?

Veja o mesmo texto com uma linguagem mais formal.

É interessante, vestibulando (ou estudante, amigo etc.).

Na nova edição do Vestibular 500 testes há teoria e prática para que você alcance sucesso em seu vestibular.

De Língua Portuguesa são 50 questões objetivas e 30 discursivas; além das de Física, Química, Biologia, História, Geografia, Matemática e Inglês.

Há – também – uma bibliografia e sugestões para você se inteirar e, assim, prestar os exames.

Vestibular 500 testes, especial do *Guia do estudante*.

Fique tranquilo. Vestibular agora é fácil.

.. O que é linguagem formal? E informal?

Há diferenças entre a linguagem informal e a formal. Ao falarmos, usamos expressões mais coloquiais, não há necessidade de tanta convenção e, às vezes, até gírias são permitidas; em certas ocasiões, nos distraímos e usamos palavras e/ou termos inadequados. A verdade é: os deslizes cometidos por todos nós, na fala, nem sempre são percebidos. Esse tipo de linguagem nada tem de errado ou de ineficaz. Tudo depende do público-alvo – se houver necessidade de me dirigir a um juiz, a linguagem oral é uma; se falar com um colega, é outra. É importante ressaltar que o fato de ser informal não significa que possamos cometer erros! Algumas pessoas acreditam que há um tipo de "licença" na fala. Não é bem assim. Quanto melhor se fala, melhor se escreve!

Falamos:

Todo pai precisa ficar de olhos bem abertos para qualquer mudança de comportamento em seus filhos.

Mas escrevemos:

Todo pai deve atentar para qualquer mudança de comportamento em seus filhos.

Ou falamos:

O gerente atropela todo mundo quando quer algo.

Mas escrevemos:

O gerente não se importa muito com os outros quando quer algo.

Muitas vezes respondemos um **tá legal** em diversas situações e, no entanto, jamais redigiríamos tal expressão!

A outra linguagem – como o próprio nome indica – é formal. Nela, regras são rigidamente obedecidas, a preocupação com o vocabulário torna-se maior, coesão e coerência são fundamentais.

Redigir é bastante diferente. Você sabe! Brincamos quando dizemos que o vento leva as palavras ditas, mas o mesmo não ocorre quando escrevemos. Quem nunca foi advertido por escrever um memorando confuso, uma carta repleta de palavras repetidas, uma questão discursiva mal-elaborada, um bilhete vago, uma pesquisa incompleta e pouco esclarecedora?

Portanto – muita atenção ao escrever! E jamais misture os dois tipos de linguagem.

Importante ressaltar – este livro não é uma gramática normativa. Caso sinta necessidade de se aprofundar no assunto, recorra a uma. Todos de bom senso fazem isso!

Neste capítulo, é nosso objetivo minimizar os erros gramaticais mais cometidos em textos.

.. Concordância com sujeito coletivo

Leia:

> **A multidão se aglomerava na porta da loja, no primeiro dia da liquidação. Empurravam-se, gritavam e reclamavam.**

O anúncio informava que a loja abriria às 8 horas e já eram 9. Estranho, não? Claro que sim. A **multidão** (coletivo de pessoas), sendo 3ª pessoa do singular, deve concordar com o verbo. Portanto, o correto é:

Empurrava-se, gritava-se e reclamava-se.

O problema está em pensarmos na ideia (muitas pessoas, por exemplo) e nos esquecermos da concordância correta. Logo, atente para esse tipo de concordância. Coletivo = verbo na 3ª pessoa do singular. Para você não mais incorrer nesse deslize (se é seu caso), vamos fixar a regra por meio de um exercício.

EXERCÍCIOS

Observe as opções abaixo e marque aquela que julgar adequada:

1. a. ❏ A população está desempregada, não tem como trabalhar, já que as máquinas substituíram o trabalho humano.
   b. ❏ A população está desempregada, não têm como trabalhar, já que as máquinas substituíram o trabalho humano.

2. a. ❏ A quadrilha, chefiada por Chiquinho, foram executados ontem, pela manhã, por seus rivais.
   b. ❏ A quadrilha, chefiada por Chiquinho, foi executada ontem, pela manhã, por seus rivais.

3. a. ❏ Já era tarde. Chovia muito em São Paulo. O elenco, com fome e sede, dormiu lá mesmo no estúdio.
   b. ❏ Já era tarde. Chovia muito em São Paulo. O elenco, com fome e sede, dormiram lá mesmo no estúdio.

GABARITO

1. a; **2.** b; **3.** a.
Caso tenha errado alguma, retorne à explicação.

.. A questão do *se*

O **se** costuma nos criar alguns problemas, afinal, segundo Ernani e Nicola, em *Gramática, literatura e redação*, o **se** tem várias funções. Uma delas é "quando o **se** junta-se ao verbo que pede objeto direto apassivando-o". Nesse caso, temos uma voz passiva pronominal e o **se** é o pronome apassivador. Por exemplo:

Vendem-se roupas antigas.

Na ordem direta, seria:

Roupas antigas são vendidas.
(Mas esta é uma construção que não usamos. Nossa preferência é pela voz passiva.)

SÓ PARA LEMBRAR

Transitivo direto | *Verbo cujo complemento (objeto direto) se liga diretamente ao verbo, sem preposição.*

Às vezes, nos deparamos com cartazes – alguns ainda pendurados em árvores, pois é uma forma de propaganda – e/ou recebemos em casa e/ou lemos em jornais:

Cobre-se botões.
Aluga-se apartamentos.
Vende-se casas.

Se botões são cobertos; apartamentos, alugados e casas, vendidas, o que acabamos de ler está incorreto. O certo é:

Cobrem-se botões. (sujeito = botões).
Alugam-se apartamentos. (sujeito = apartamentos).
Vendem-se casas. (sujeito = casas).

Afinal, uma regra básica da língua portuguesa é: o verbo concorda com o sujeito – sempre.

O **se** também pode ser índice de indeterminação do sujeito. Acontece quando ele aparece junto a um verbo transitivo indireto ou intransitivo. Como nas frases:

Precisa-se de professores com mestrado naquela faculdade.
Vive-se com qualidade em Santa Catarina.

Repare que, nesses casos, o verbo fica no singular.

SÓ PARA LEMBRAR

Transitivo indireto | *Verbo cujo complemento (objeto indireto) se liga ao verbo por uma preposição. Intransitivo é o verbo que não precisa de complemento.*

EXERCÍCIOS

Marque **C** para as corretas e **E** para as incorretas:

1. Alugam-se quartos. Preço: R$ 500,00 por mês. ( )
2. Vende-se apartamentos. Preço: R$ 600.000,00. ( )
3. Precisa-se de bordadeiras com experiência. ( )
4. Cobre-se botões na hora. ( )
5. Observam-se atitudes estranhas naquele grupo. ( )
6. Trabalha-se muito no mês do Natal. ( )
7. Percebe-se novos horizontes depois de um bom curso. ( )

8. Nos tempos contemporâneos veem-se métodos que produzem melhores resultados. ( )

9. Vivem-se bem aqui. ( )

GABARITO:
1. c; 2. e; 3. c; 4. e; 5. c; 6. c; 7. e; 8. c; 9. e.

.. Crase

Todos sabem: a crase é a fusão da preposição **a** com o artigo **a**, porém poucos sabem usá-la corretamente. A maioria das pessoas tem dúvida nesse aspecto gramatical, já que a aplicação das normas nos confunde um pouco. A fim de minimizar esse erro, vamos recordar o básico da crase.

Para ocorrer crase é preciso que haja dois termos que se encontram na frase.

O primeiro termo (regente) deve exigir a preposição **a**. Como em:

Vou a **Prejudicial a**

O segundo termo (regido) deve ser uma palavra feminina precedida pelo artigo **a**. Como em:

a praia **a saúde**

Assim:

Vou a + a praia = Vou à praia.
Prejudicial a + a saúde = Prejudicial à saúde.

Muito pode ser dito sobre o uso da crase, e as gramáticas dedicam sempre um capítulo ao assunto. Aqui, vamos tentar um outro caminho e recordar onde é proibido o uso da crase. O fato de você entender onde **não** se usa, certamente, já vai ajudá-lo bastante. Caso queira ou necessite se aprofundar no assunto, recorra a uma boa gramática normativa.

∴ Não use crase

Diante de verbos.

ERRADO **A dívida à ser quitada no próximo mês é de R$ 200,00.**

CERTO **Obrigadas a pedir dinheiro nos semáforos, essas crianças causam pena na população.**

Diante de pronomes pessoais retos (eu, tu, ele, nós, vós, eles).

ERRADO **Faltaram à ele ações mais práticas.**

CERTO **Ela entrou sem dirigir a palavra a nós.**

Diante de pronomes indefinidos (tudo, nada, ninguém etc.).

ERRADO **A atual diretoria não tem agradado à todos.**

CERTO **Não devo nada a ninguém.**

Diante de pronomes demonstrativos (esta, esse, isso etc.).

ERRADO **Não comentarei nada em relação à essa pessoa.**

CERTO **É hora de dar um basta a essa desordem.**

Diante de pronomes de tratamento (Vossa Excelência, Vossa Senhoria etc.).

ERRADO **Desejo sucesso à Vossa Excelência nesse novo cargo.**

CERTO **Asseguro a Vossa Excelência de que a rebelião acabou.**

Diante do artigo indefinido **uma**.
ERRADO **Onde está Bárbara? Foi à uma reunião no 3º andar.**
CERTO **Os alunos não devem se submeter a uma prova oral; a discursiva já basta.**

Diante de palavras repetidas (cara a cara, gota a gota etc.).
ERRADO **Ficamos frente à frente por dez minutos e não conseguimos conversar.**
CERTO **Ivan e Sônia ficaram cara a cara, ontem, em um restaurante no centro da cidade.**

Diante de palavra no plural (com o **a** no singular).
ERRADO **Decreta-se a lei de proibição à máquinas caça-níqueis e a bingos.**
CERTO **Não cheguei a conclusões muito otimistas em relação ao balanço deste ano.**

Diante da expressão **Nossa Senhora** e de **nomes de santos**.
ERRADO **Apelei à Nossa Senhora durante todo o mês de maio.**
CERTO **Peça a Santa Rita de Cássia. Ela o ajudará, tenho certeza.**

Diante das palavras **dona** e **madame**.
ERRADO **À madame, foram enviadas flores vermelhas.**
CERTO **Não envie a madame flores vermelhas. Ela as detesta.**

Diante da palavra **distância** (não determinada).
ERRADO **Faço, atualmente, um curso de ensino à distância.**
CERTO **Algumas organizações já estão oferecendo, para seus funcionários, um mestrado a distância.**

Diante da palavra **terra** (= terra firme).

ERRADO **Depois de meses, finalmente chegaram à terra e foram recepcionados pelas famílias dos pescadores locais.**

CERTO **Havia acabado de chegar a terra, depois de uma longa viagem, e imediatamente soube da notícia.**

Diante da palavra **casa** (= lugar onde se mora).

ERRADO **Assim que chegar à casa, telefono para você.**

CERTO **Quando cheguei a casa, infelizmente Celso Falabella já havia saído.**

Diante de palavra masculina.

ERRADO **Imagine você, fui à pé daqui até o supermercado.**

CERTO **Fui passear a cavalo na fazenda e levei meu filho comigo. Para ele, foi uma novidade!**

O emprego do acento indicador da crase será facultativo nos seguintes casos:

Diante de pronome possessivo feminino.
Há um clima de otimismo quanto a sua nova contratação.

Depois da preposição até.
Até a manhã de ontem, não foram registradas mortes nas rodovias do interior de Minas Gerais.

Diante de nome próprio feminino.
Não posso contar a Sheila o que fiquei sabendo hoje pela manhã no colégio.

EXERCÍCIOS

Justifique o não uso da crase nos seguintes casos.

1. Referiu-se a esta aluna de maneira grosseira.

2. Fui a uma festa, ontem. Lá estava todo o elenco da peça.

3. Ao chegar a casa, percebeu que a janela estava quebrada

4. Voltei a pesar 54 quilos.

5. Dei a ela um presente que ganhara de minha avó materna.

6. Na faculdade, tive o prazer de estar cara a cara com o maior romancista português.

7. Dirijo-me a Vossa Senhoria com o maior respeito e consideração. Acredite em mim, por favor!

GABARITO

1. pronome demonstrativo; **2.** artigo indefinido **uma**; **3.** casa = lugar onde se mora; **4.** verbo; **5.** pronome pessoal do caso reto; **6.** palavra repetida; **7.** pronome de tratamento.

SÓ PARA LEMBRAR

A crase deve ser usada:

*Quando há o encontro da preposição **a** e do artigo **a**.*

Era um povo forte, que resistia à guerra e não se entregava.
Cristina Brandão mostrou-se contrária à proposta do grupo.

Nas locuções adverbiais formadas por substantivos femininos.

À noite, Bia gosta de sair com os amigos.
Às vezes, Fátima para na livraria para ver as novidades.

*Quando há o encontro da preposição **a** com os pronomes relativos **a qual** e **as quais**.*

Encontraremos hoje as pessoas às quais devemos homenagear.

*Quando há o encontro da preposição **a** com os demonstrativos **aquela, aquele, aquilo**.*

Minha nota na prova foi igual àquela que você tirou.
O garçom entregou a conta àquele grupo de jovens animados.

*Em situações nas quais estejam implícitas as expressões **à moda de** e **à maneira de** (mesmo antes de palavras masculinas).*

Bife à milanesa é muito bom mas engorda.
Silvinha cortou o cabelo à Joãozinho.

Nas indicações de hora ou horas.

Chegou à meia-noite.
O filme começa às 8 horas.

Nas locuções que indicam meio ou instrumento e em outras nas quais a tradição linguística o exija

Escreveu à tinta, à máquina, à mão.
Pagou à vista.

CAPÍTULO 1 | 27

.. Vírgula

Se você é dessas pessoas que têm dúvida quanto à pontuação, não se assuste. Uma parte considerável da população brasileira também. Sabe por quê? Alguns acreditam que a vírgula, por exemplo, é uma pausa oral, quer dizer, serve para respirar. E não é isso! Essa pausa é gráfica; serve para separar elementos de uma oração e também orações de um período.

Por se tratar de um erro comum, vamos focar o uso inadequado da vírgula.

Falamos, escrevemos, ouvimos e até sonhamos (na maioria das vezes) baseados na seguinte estrutura:

S (sujeito)   V (verbo)   C (complemento).

Atente para o exemplo:

Rios desconhecidos ou famosos (S) **fazem** (V) **de Sergipe um passeio inesquecível** (C).

Há necessidade de vírgula? Não. Quando queremos, por exemplo, elucidar, informar, acrescentar alguma informação ou explicação (E) à oração ou frase, aí, sim, usamos este sinal de pontuação.

Rios desconhecidos ou famosos (S), **como o São Francisco** (E), **fazem** (V) **de Sergipe um passeio inesquecível** (C).

Por ser um ponto delicado de nossa língua, vamos exercitar o uso correto da vírgula.

SÓ PARA LEMBRAR

Não há vírgula entre sujeito e verbo nem entre verbo e complemento.

EXERCÍCIOS

Siga o modelo:

Gercina (S) **viajou** (V) **ontem** (C).
Gercina (S)**, amiga do coordenador do grupo** (E)**, viajou** (V) **ontem** (C).

1. Bancários voltaram ao trabalho em todo o país.

2. Antônio Maria falava de tristezas e de alegrias nas mesas de bar.

3. Antônio Maria morto há quarenta anos falava de tristezas e de alegrias nas mesas de bar.

4. Tom Hanks no filme *O Terminal* fica isolado em um aeroporto nos Estados Unidos.

5. João Ubaldo redigia aproximadamente 800 palavras por dia.

6. João Ubaldo renomado escritor baiano redigia aproximadamente 800 palavras por dia.

7. Armando Valles foi contratado por espanhóis.

8. Armando Valles o artista plástico das máscaras de políticos brasileiros foi contratado por espanhóis.

9. Elio Gaspari ganhou o prêmio da ABL com o livro *As ilusões armadas*.

10. Elio Gaspari ganhou o prêmio da ABL categoria ensaio com o livro *As ilusões armadas*.

11. Gilberto Gil faz shows musicais no Brasil.

12. Gilberto Gil mesmo com pouco tempo em razão de ser, na época, ministro da Cultura faz shows musicais no Brasil.

GABARITO

1. Bancários (S) voltaram (V) ao trabalho em todo o país (C).
2. Antônio Maria (S) falava (V) de tristezas e de alegrias nas mesas de bar (C).
3. Antônio Maria (S), morto há quarenta anos (E), falava (V) de tristezas e de alegrias nas mesas de bar (C).
4. Tom Hanks (S), no filme *O Terminal* (E), fica (V) isolado em um aeroporto nos Estados Unidos(C).
5. João Ubaldo (S) redige (V) 800 palavras por dia (C).
6. João Ubaldo (S), renomado escritor baiano (E), redige (V) 800 palavras por dia (C).
7/8. Armando Valles (S), o artista plástico das máscaras de políticos brasileiros (E), foi contratado (V) por espanhóis (C).
9/10. Elio Gaspari (S) ganhou (V) o prêmio da ABL (C), categoria ensaio (E), com o livro *As ilusões armadas*.
11/12. Gilberto Gil (S), mesmo com pouco tempo em razão de ser, à época, ministro da Cultura (E), faz (V) shows musicais pelo país (C).

SÓ PARA LEMBRAR

Usa-se vírgula para:

Separar elementos de uma enumeração.
O pedreiro precisa de cimento, areia, pedras, azulejos e tinta branca.

Isolar o vocativo.
Francamente, Mariana, que modos são esses?

Isolar o aposto.
Macunaíma, o herói sem nenhum caráter, é uma criação de Mário de Andrade.

Indicar elipse do verbo.
Rosa gosta de samba e Luís, de música eletrônica.

Separar orações coordenadas.
Chegou mais cedo, pediu um pastel, bebeu um caldo de cana e ficou esperando por ela.

Isolar adjuntos adverbiais antecipados.
Pela manhã, bom mesmo é um café quentinho.

Separar orações subordinadas adverbiais antecipadas.
Quando desfila, aquela modelo arranca suspiros.

Separar orações intercaladas.
Caso você mude de ideia, disse o delegado àquela senhora, podemos iniciar uma busca no quarteirão.

Isolar orações subordinadas adjetivas explicativas.
Januária, que vive na janela, parece não se cansar da contemplação.

CAPÍTULO 1 | 31

.. Homônimos / parônimos

Segundo Antônio Houaiss, em seu dicionário, homônimo ocorre quando duas ou mais palavras de significados diferentes têm grafia idêntica (**linha de costurar, linha do trem**). Parônimo ocorre quando dois ou mais vocábulos que são quase homônimos diferenciam-se ligeiramente na grafia e na pronúncia (**comprido** e **cumprido**). Trocar o significado de algumas palavras é comum. Até porque (releia os conceitos) algumas são extremamente semelhantes. O hábito da leitura e o auxílio de um bom dicionário minimizam este problema.

Listamos os mais frequentes. Ei-los:

a / há

a | usamos para o tempo futuro.
Sairei daqui a cinco minutos.

há | refere-se ao tempo passado.
Saiu há cinco minutos.

a cerca / acerca / há cerca

a cerca | a (artigo); cerca (substantivo).
A cerca de minha casa ruiu em virtude da forte chuva de ontem.

acerca | quando for possível a substituição por sobre.
Precisamos conversar acerca de seus atrasos, principalmente, nas reuniões.

há cerca | verbo haver, tempo decorrido.
Não o vejo há cerca de dois anos.

afim / a fim de

    afim | afinidade.

    Temos pensamentos afins. (semelhantes)

    a fim de | finalidade.

    Estou a fim de estudar para as provas. Preciso de boas notas.

ao invés de / em vez de

    ao invés de | ao contrário.

    Wellington, graças ao bom Pai, viveu ao invés de morrer.

    em vez de | em lugar de.

    Sempre que posso, como peixe em vez de carne vermelha.

SUGESTÃO

Prefira usar **em vez de**. *A expressão vale pelas duas acima citadas.*

ao encontro de / de encontro a

    ao encontro de | aspectos favoráveis.

    Os pais sempre devem ir ao encontro de seus filhos.

    de encontro a | aspectos desfavoráveis.

    O aumento veio de encontro às minhas necessidades.

a princípio / em princípio

    a princípio | no início, inicialmente.

    A princípio não queria fazer seu curso, mas mudei de ideia.

    em princípio | teoricamente, de modo geral.

    Em princípio irei à festa de Bianca Sanches no sábado.

arrear / arriar

arrear | tem a ver com os arreios.
Por favor, arreie o cavalo mais manso. Não sei cavalgar.

arriar | descer, baixar.
Arriou as calças manchadas de óleo. "Como tirar esta mancha?", pensou.

cessão / secção / seção / sessão

cessão | substantivo do verbo ceder.
A cessão do material de construção, feita por vocês, funcionários, à creche da cidade foi bem-vinda. Parabéns.

secção | verbo seccionar.
Para alguns leigos, a secção feita por médicos (durante algumas cirurgias) é algo horripilante de se ver.

seção | departamento.
Por favor, onde é a seção de cosméticos?

sessão | tempo (para começar e para acabar).
Que tal uma sessão de cinema?

comprimento / cumprimento

comprimento | dimensão horizontal de um objeto ou superfície.
Dizem que a baleia encalhada em Pernambuco mede 4 metros de comprimento.

cumprimento | De acordo com o *Dicionário Houaiss*, "ato ou efeito de cumprir, execução de algo; gesto ou palavra que denota delicadeza, atenção ou ainda agradecimento, gesto ou palavra de saudação; palavra elogiosa para com o outro, elogio; reverência que se presta a alguém".

O cumprimento de uma obrigação.
Os noivos receberão os cumprimentos na igreja.
Seu cumprimento se resume em um acenar de cabeça.
Flavia ouviu comovida o cumprimento que lhe prestaram na formatura.

deferir / diferir

deferir | aprovar.
Sua solicitação, feita há um mês, foi deferida. Até que enfim! Meus parabéns.

diferir | adiar, postergar.
A reunião foi diferida para o dia 21. Sinto muito.

descriminar / discriminar

descriminar | inocentar, tirar o caráter de crime de.
Há um projeto de lei, tramitando no Congresso, com o intuito de descriminar o usuário de droga.

discriminar | separar, segregar, distinguir.
Não faz sentido discriminar uma etnia diferente da nossa.

iminente / eminente

iminente | prestes a acontecer.
É lamentável, mas a guerra é iminente.

eminente | importante, elevado.
Luís César é figura eminente no quadro atual da Secretaria de Segurança Pública do Estado.

infligir / infringir

infligir | castigar, aplicar castigo.

O juiz infligiu duras penas ao adolescente que esmurrou o guarda municipal em Brasília.

infringir | desrespeitar.

O motorista que infringir a regra "dirigir alcoolizado" será severamente punido.

mal / mau

mal | advérbio.

Não entendo por que Marquinhos é tão mal-humorado!

mau | adjetivo.

Não entendo por que você, ultimamente, está com esse mau humor!

SÓ PARA LEMBRAR

Mal é antônimo de bem; mau, de bom.

onde / aonde

onde | verbos de permanência.
Onde você mora?

aonde | verbos de movimento.
Aonde você vai? À rua?

ratificar / retificar

ratificar | confirmar.

Preciso ratificar minha viagem. Vou mesmo no dia marcado.

retificar | emendar, consertar.

Preciso retificar o dia de minha viagem. Não será possível embarcar após a reunião.

saltar / soltar

saltar | descer, apear. (Obs. Há vários outros significados.)
Esse é o ponto do ônibus onde costumo saltar.

soltar | deixar escapar, deixar cair.
O susto foi tão grande que soltei o copo e machuquei meu pé.

vultoso / vultuoso

vultoso | de grande importância, considerável
Vultosos fatos marcam a história da cidade de Tiradentes.

vultuoso | congestionado, inchado, vermelho.
O rosto vultuoso, empolado em vergões, denotava o seu ódio.

EXERCÍCIOS

Escolha a opção correta.

1. Espero que daqui ___ tempos o vestibular sofra mudanças radicais no país.
`a / há`

2. Tenho pensado _____ de seu pedido. Acredite!
`a cerca / há cerca/acerca`

3. Depois de inúmeros testes e de muito pensar, entendi que estou mesmo é _____ de cursar arquitetura.

afim / a fim de

4. _____ de dormir, ficou assistindo a um filme da década de 1980.

ao invés de / em vez de

5. _____ achei que sua casa era pequena. Qual não foi minha surpresa. É enorme!

a princípio / em princípio

6. O prédio, com mais de 60 anos, _____ em segundos.

arreou / arriou

7. Ontem, fui a um lugar desconhecido, afinal nunca assistira a uma _____ espírita.

cessão / sessão / secção / seção

8. Pedro Guimarães, ao chegar pela manhã em seu trabalho, soube por um colega de sua mudança para outra _____.

cessão / sessão / secção / seção

9. O _____ das leis é tarefa de todos.

cumprimento / comprimento

10. A compra da fazenda foi por uma soma_____.

vultosa / vultuosa

11. Lamento, mas sua solicitação não foi _____. Quem sabe em outra ocasião.

deferida / diferida

12. _____ garotas, solteiras e grávidas é simplesmente um absurdo.

descriminar / discriminar

13. É _____. Um de nós será demitido ainda hoje.

iminente / eminente

14. O motorista do carro preto conseguiu _____ três regras básicas de trânsito.

infligir / infrigir

15. _____ saiu de casa, foi assaltado.

mau / mal

16. As novas medidas do presidente vão nos levar _____?
aonde / onde
17. Precisamos _____ a festa com os convidados. O responsável pela casa me telefonou, hoje. Vai mesmo ocorrer na data prevista.
retificar / ratificar
18. Voltar a _____ de paraquedas. Este era o maior desejo de João Carlos.
saltar / soltar

GABARITO

1. a; **2.** acerca; **3.** a fim de; **4.** em vez de (sendo perfeitamente aceitável ao invés de); **5.** a princípio; **6.** arriou; **7.** sessão; **8.** seção; **9.** cumprimento; **10.** vultosa; **11.** deferida; **12.** discriminar; **13.** iminente; **14.** infringir; **15.** mal; **16.** aonde; **17.** ratificar; **18.** saltar.

.. Os porquês

Alguns afirmam que a língua portuguesa é complicada. Será? Dominar o alemão, japonês ou russo (para nós) – isto sim – parece tarefa árdua. Em qualquer língua, existem problemas, dificuldades e dúvidas. No caso do português, há especificidades e variedades nos padrões.

Às vezes, recorre-se a uma gramática e não se aprende o conceito pesquisado. Outras, a linguagem é bastante específica. E ficam as dúvidas...

O uso adequado do porquê parece ser uma dúvida corriqueira. Em todos os cursos ministrados, sempre me perguntam sobre este aspecto gramatical. Portanto, a dúvida não é só sua! Talvez ao visualizarmos o quadro seguinte consigamos saná-la.

SÓ PARA LEMBRAR

Porquês | *Junto ou separado? Com ou sem acento? Existem cinco maneiras de escrever essa palavra.*

1. *Por que | Em perguntas, no início ou no meio.*
   Por que a reunião ainda não acabou? Gente, não estou entendendo nada, por que a reunião ainda não acabou?

2. *Por quê | Em perguntas, quando for a última palavra.*
   A reunião ainda não acabou. Por quê?

3. *Porque | Em respostas formais, quando for necessária uma explicação.*
   A reunião ainda não acabou porque começou com duas horas de atraso.

4. *Por que | Em afirmativas, quando puder ser substituído por pelo qual e flexões (= pela qual, pelos quais etc.).*
   Entendo o motivo por que (pelo qual) a reunião ainda não acabou.

5. *O Porquê | Quando houver o artigo o, substantiva-se a palavra.*
   Não entendo o porquê da demora da reunião.

EXERCÍCIOS

Vamos à prática. Caso a dúvida persista, recorra às regras.

Use por que, por quê, porque ou porquê.
   1. _____ há tantas crianças miseráveis neste país?
   2. Há tantas crianças miseráveis neste país. _____?
   3. Há tantas crianças miseráveis neste país _____ há fome.

COMUNICAÇÃO ESCRITA

4. Entendo as razões _____ as crianças deste país passam fome.

5. Gostaria de saber o _____ de tanta fome neste país.

GABARITO

1. caso 1; **2.** caso 2; **3.** caso 3; **4.** caso 4; **5.** caso 5.

.. Considerações finais

Neste capítulo, foram mostradas apenas algumas dificuldades mais frequentes da língua portuguesa encontradas nos mais diversos textos.

Caso você queira se inteirar melhor deste assunto, pesquise. Há excelentes gramáticas normativas, escritas por respeitáveis gramáticos.

O que não vale – depois da leitura deste capítulo – é persistir nos erros. Jamais se envergonhe de falar e/ou redigir corretamente. Nos dias atuais, pelo contrário, além de ser requisito básico, é um diferencial. Pode ter certeza!

CAPÍTULO 2

Desenvolva o tema sem fugir do assunto

*A segunda competência do **Enem** avalia sua capacidade de* **compreender o tema proposto e aplicar conceitos das várias áreas do conhecimento para explicá-lo, defendê-lo ou contradizê-lo, desenvolvendo-o dentro dos limites estruturais do texto dissertativo/argumentativo.**

Ao desenvolver um tema, é preciso prestar muita atenção para não deixar que um "assunto puxe outro". Caso isso aconteça, você estará fugindo do tema proposto e se arriscando a ter sua redação anulada em qualquer concurso. Esse tipo de atitude pode demonstrar que não houve entendimento na leitura – o que é uma falha grave – ou falta de articulação, de planejamento e, até mesmo, intenção de fugir do que foi proposto por não saber como desenvolver uma argumentação. Mesmo que não lhe faltem ideias para escrever um livro inteiro sobre o tema, organize-se para escrever exatamente sobre o que foi pedido, sem divagações nem desvios. Lembre-se também de que você não precisa necessariamente ter uma opinião radical sobre o enunciado da redação. Qualquer problema pode ser examinado de, pelo menos, dois ângulos diferentes. O importante é ter argumentos consistentes para "explicá-lo, defendê-lo ou contradizê-lo" em sua dissertação. Por falar nisso, veja a seguir quais são as características de uma dissertação.

Leia os trechos a seguir:

1. Roberta, com apenas 30 anos, está obesa. Sua alegria desapareceu. Tudo lhe lembra comida. Neste inverno, ela aparenta dez anos a mais. Seu rosto está inchado, ela tem dificuldade visível para se locomover, anda triste. Até seu cabelo, motivo de elogios, está sem viço.

2. Segunda-feira era o dia "D". Prometera a mim mesma. Apesar dos 15 graus, comecei o regime. A dieta era tão rígida, mas disse para mim mesma – hei de conseguir desta vez (apesar de só conseguir pensar em comida); às treze em ponto liguei para o meu médico para pedir-lhe sugestões sobre a sopa que deveria tomar à noite. Informaram-me que ele viajara. Quase me matei.

3. (...) Estímulos auditivos, visuais e olfatórios são permanentemente sensoreados pelo centro da saciedade e explicam a fome que subitamente sentimos diante do cheiro ou da visão de certos alimentos. Faz frio, os neurônios responsáveis pela condução dos estímulos térmicos enviam informações para o centro, e a fome aumenta. Este mecanismo evoluiu em resposta às maiores necessidades energéticas dos animais para manter constante a temperatura corpórea no inverno.
(*Raízes biológicas da obesidade*, Drauzio Varella, disponível em www.drauziovarella. com.br, acesso em 20 de dezembro de 2004.)

O trecho 1 é uma descrição: exposição das características físicas e psicológicas; o 2 é narrativo: exposição de um fato; e o 3 é dissertativo: exposição de ideias. Na vida profissional praticamente só trabalhamos com a dissertação. Vamos às suas características!

.. Dissertar é a mesma coisa que argumentar?

Dissertação é a sua opinião a respeito de algum assunto. Diariamente a praticamos. Seja em redações escolares, trabalhos universitários, relatórios, cartas comerciais etc. Opinamos a toda hora e, às vezes, nem percebemos tal ação. Argumentação e dissertação trabalham juntas. Compõem a capacidade de informar ao outro, de maneira clara – com exemplos bem desenvolvidos, objetividade e precisão –, o que pensamos.

Há uma relação entre ideia central e parágrafo, quer dizer, para cada parágrafo uma ideia central.

Em redações de concursos (inclusive vestibulares), há um padrão a ser seguido: um parágrafo de introdução, dois ou três de desenvolvimento e um de conclusão.

SUGESTÃO

A introdução é o espaço reservado para a pessoa se definir contra ou a favor do tema; os desenvolvimentos são para argumentar (exemplos são bem-vindos) e a conclusão deve conter propostas para solucionar e/ou minimizar o problema focado (em casos de temas objetivos).

Em textos dissertativos, trabalha-se sempre com uma ideia principal e várias secundárias que a sustentam.

Leia o texto.

Por que razão é tão difícil manter o peso ideal, se todos almejam ficar esguios e sabem que a obesidade aumenta o risco de hipertensão, diabetes, osteoartrite, ataques cardíacos e derrames cerebrais? No cérebro, existe um centro neural responsável pelo controle da fome e da saciedade. Milhões de anos de seleção natural forjaram a fisiologia desse centro, para assegurar a ingestão de um número de calorias compatível com as necessidades energéticas do organismo. Nessa área cerebral, são integradas as informações transmitidas pelos neurônios que conduzem sinais recolhidos no meio externo, nas vísceras, na circulação e no ambiente bioquímico que serve de substrato para os fenômenos psicológicos. (*Raízes biológicas da obesidade*, Drauzio Varella, disponível em www.drauziovarella.com.br, acesso em 20 de dezembro de 2004.)

Qual a ideia principal? A dificuldade de se manter o peso ideal. E as secundárias? Consequências da obesidade, centro neural, seleção natural, necessidades energéticas do organismo, função dos neurônios e fenômenos psicológicos.

.. Como ser coerente

Redigir com objetividade, clareza, argumentação e coerência. Esta é a nossa meta. Às vezes, diante do computador, o telefone toca. Atendemos e – mesmo continuando a olhar para a tela – nos distraímos. Levantamos, bebemos água, por exemplo, e retornamos ao trabalho sem prestar muita atenção onde paramos. Pensamos estar em um determinado assunto e já estamos em outro. Ao reler o texto, observamos uma total falta de coerência entre as partes. É claro! Coerência é a capacidade de um texto manter o mesmo fluxo de pensamento, com início, meio e fim. Para tal, o encadeamento das ideias e o uso de um bom vocabulário são condições básicas para um texto claro, sem "ruídos" na comunicação.

Algumas pessoas acreditam que, ao usar palavras sofisticadas, as ditas elegantes, da moda, impressionarão o leitor. Cuidado! O fato de as usarmos, sem a atenção devida em relação à coerência lógica, não nos faz bons escritores.

SÓ PARA LEMBRAR

Escrever não é um dom, e, sim, uma técnica. O dom faz parte do universo dos poetas, letristas, entre outros. Não é o nosso caso.

Portanto, escrever "bonito" pode até impressionar, mas não quer dizer nada.

O quadro a seguir, que circula na internet (http://www. novo milenio.inf.br/idioma/20000916.htm, acesso em 13 de janeiro de 2005), é um bom exemplo de falta de coerência e objetividade. A brincadeira foi criada em 1967, por Philip Broughton, funcionário administrativo do departamento de Saúde dos Estados Unidos,

CAPÍTULO 2 | 47

e consiste em uma relação com palavras-chave que devem ser usadas em textos e/ou conversas. Segundo o inventor da fórmula, ninguém fará a mais remota ideia do que foi dito, mas não admitirá o fato e o autor acabará impressionando alguém com sua "erudição". Observe:

1 implementar	1 balanceamento	1 diferencial
2 redimensionar	2 estruturação	2 exponencial
3 dinamizar	3 setorização	3 funcional
4 flexibilizar	4 operacionalidade	4 transicional
5 alavancar	5 estabilização	5 sistêmica

Em qualquer situação, basta escolher uma palavra de cada coluna para se chegar a uma receita infalível. Por exemplo: a empresa está com problemas de queda no faturamento? Simples. A solução tanto pode ser 5-3-1 (alavancar setorização diferencial) quanto 2-5-4 (redimensionar estabilização transicional), ou talvez 4-4-3 (flexibilizar operacionalidade funcional), ou outra combinação à sua escolha, porque qualquer uma delas sempre dá a impressão de ser adequada.

Faça algumas combinações. Você vai achar muita graça. Há pessoas que só se expressam assim. Não é mesmo? O interessante é que alguns pensam: "não entendi nada, mas como é bonita a fala dele!". Ledo engano. Para se construir um bom texto, há de se ter coerência e coesão entre as partes.

∴ Coerência lógica na prática

Em um dos vestibulares do Rio de Janeiro, além – é claro – dos textos motivadores, o tema foi:

O Brasil é um país plural – esta variedade favorece uma convivência social harmônica?

O texto que se segue é de um dos candidatos. À medida que você ler, sublinhe o que julgar incoerente.

Brasil – país em desarmonia
O Brasil é um país com uma das maiores diversidades raciais, culturais e religiosas. Apesar de estar sofrendo uma crise social e política, é exemplo a ser seguido na questão da convivência em harmonia entre vários tipos de pessoas. Não que o preconceito seja inexistente, mas neste aspecto está à frente de países de Primeiro Mundo.

→ O título não está coerente com a ideia contida na introdução.
→ O Brasil é um país. Para que a redundância? Não seria melhor: "O Brasil possui uma das maiores diversidades...?" Fica mais objetivo, não?
→ Repete-se a palavra "país", desnecessariamente.
→ Na introdução, é importante ressaltar o que será desenvolvido (sua argumentação). Pelo que se lê, esse aluno, obrigatoriamente, discorrerá sobre crise social e política; convivência entre pessoas e preconceito. Certo?

Vamos ao restante da redação.

Esta miscigenação ocorrida no Brasil resultou em um grande desenvolvimento cultural. Em cada parte do Brasil há um tipo de cultura diferente. Por isso viajar a diferentes regiões do país é como ir a vários países diferentes. Com isso a cultura musical brasileira é admirada por outros

países, já que a mistura de vários tipos musicais resulta em sons exclusivos do Brasil, assim atraindo turistas do mundo inteiro.

→ Nesse primeiro parágrafo de desenvolvimento, a ideia central é um tanto confusa. Não? "Miscigenação", "cultura musical"? Falta coerência lógica entre a introdução e esse parágrafo.
→ Permanece a repetição de palavras.

Continuando...

Cada classe adota um padrão, onde quem não o obedece é discriminado. Por exemplo, quando uma pessoa fala errado, isso se torna motivo para marginalizá-la.

→ Releia a introdução. O texto nos indica que haverá uma argumentação sobre o preconceito, porém não é o que ocorre nesse segundo desenvolvimento. O aluno somente tangencia a discriminação (consequência do preconceito).
→ O trecho, além de mal redigido, é extremamente vago. O que será "falar errado?"
→ Não é bem-vindo um parágrafo de três linhas. Há de ser feita uma distribuição correta de parágrafos.

Vamos adiante...

Contrariando as tendências mundiais, o Brasil não tem grandes conflitos raciais como ocorreram nos USA e no *apartheid* na África do Sul; ou religiosas como ocorrem até hoje na região da Palestina e no norte da Espanha. O povo brasileiro soube, de certa forma, se unir e superar seus problemas.

→ "Tendências mundiais" – Quais? Não se deve divagar.

→ Os exemplos são recentes nesse terceiro parágrafo, o que é positivo, mas a introdução aponta para problemas sociais e políticos no Brasil, logo é desnecessário se alongar neste assunto com exemplos de fora do nosso país.

→ USA = *United States of America*, em inglês. Em português, o certo é EUA = Estados Unidos da América. Não use sigla em outro idioma se houver similar na língua portuguesa.

Veja a conclusão:

A solução para a convivência pacífica, igualitária e plena entre a população brasileira é que o governo invista na educação e na conscientização social. É necessária a melhora do ensino público afim (sic)* de formar adultos conscientes dos seus direitos e principalmente dos seus deveres.

→ O último parágrafo (sempre de conclusão) deve propor soluções viáveis e objetivas para minimizar o problema. "Investir na educação e na conscientização social" é vago. Quem deve investir? O Governo Federal? O Estadual? As empresas privadas? Como alcançar este tipo de conscientização? Por meio de palestras? Cartazes? Debates?

→ **afim** – afinidade. O aluno quis dizer **a fim de** – com a finalidade de.

→ Como melhorar o ensino público? Não adianta haver propostas sem argumentação sólida.

→ "Adultos conscientes dos seus direitos e principalmente dos seus deveres" é um tanto lugar-comum. Não acha?

---

* Sic: expressão latina que significa 'desta forma'. Usada sempre que se mantém o erro do texto original.

Compare o texto abaixo com o que acabamos de analisar.

Brasil harmônico
Apesar das diversidades raciais, culturais e religiosas, o Brasil convive em harmonia. Se há preconceito? Para uma minoria, sem dúvida, até porque nem todos pensam ou sentem da mesma forma, mas nada que lembre – por exemplo – o *apartheid*, na África do Sul.

O foco na raça deste país está mudando, haja vista todo o empenho do Governo Federal e de algumas instituições de ensino para a realização de vestibulares com cotas específicas para negros. Hoje, respeita-se mais a história do país. A pluralidade cultural só realça a nação, não só diante do próprio povo, mas também em relação aos outros – o que acaba atraindo milhões de turistas, anualmente. São músicas, ritmos, festas totalmente diferentes. A religião católica, que é a predominante, não proíbe espaço para outras.

Para que a harmonia se faça ainda mais presente, algumas medidas devem ser tomadas, como incentivar festas religiosas, como o Círio de Nazaré, levar a cultura para lugares mais distantes, como vem acontecendo no Rio de Janeiro, com a criação de lonas culturais, e incentivar e apoiar a cota para negros nas universidades. E já que se tem um país tão "bonito por natureza", não custa preservá-lo. É a população quem ganha!

O segundo texto ficou mais claro. Concorda? Há coerência entre as partes, uma preocupação maior em desenvolver – com bons exemplos – a proposta inicial (diversidades raciais, culturais e religiosas). É nítido o uso de um bom vocabulário e a pessoa em questão não cometeu nenhum erro gramatical. Há objetividade e o tema está bem argumentado para quem tem 17 anos. Há propostas interessantes na conclusão, inclusive com fatos bastante atuais.

.. Na hora da redação

No vestibular e em concursos, algumas regras são rígidas na hora da elaboração textual. Leia as sugestões a seguir.

Redija com letra legível. Todos devem entendê-la, não só você. Portanto, capriche!

Atente para o número pedido de linhas. Caso exijam em torno de 25, não é para você redigir 58.

Leia atentamente o tema, quantas vezes forem necessárias. A única possibilidade de tirar um zero é fugir totalmente ao tema.

Obedeça aos tipos de composição propostos: narração, descrição, dissertação. Na maioria dos concursos, pede-se uma dissertação.

Não escreva a lápis. Jamais faça isso! Seu rascunho pode ser a lápis, caneta, como queira, mas seu texto final só pode ser à caneta.

Não copie nem recorra a frases do texto motivador usando-as como se fossem suas.

Não use gírias nem faça uso de linguagem informal.

Não use a 1ª pessoa. Evite **vivemos** e prefira **vive-se**. Não se inclua na redação.

Não utilize o pronome **você**. Não existe interlocutor virtual.

.. Leitura: uma necessidade

Diante de tanta tecnologia – celular, computador, internet, redes sociais, serviços de *streaming*, videogames, entre outras –, é até natural que o ser humano, atualmente, deixe a leitura de bons livros e/ou jornais de lado. Os mais maduros, aqueles que têm uma "escuta" melhor de outros profissionais, percebem a possibilidade de leitura e tecnologia de ponta. Os que não dão ouvidos, não se importam, não têm paciência para sequer ler o jornal, acabam por pagar um preço alto, muito alto.

Houve um tempo em que um engenheiro, por exemplo, realmente não precisava redigir bem. Havia a secretária. Para ela, sim, era requisito básico ter uma redação clara, objetiva e concisa. O tempo passou, o mercado sofreu mudanças profundas, a especialização tornou-se condição mínima para um bom salário e – cada vez mais – as pessoas aprenderam a desenvolver várias competências que jamais imaginaram ser necessárias. Uma delas foi redigir. Aquela secretária, hoje em dia, é um "luxo" de grandes empreendedores, executivos, altos cargos, enfim.

Para ser engenheiro no século XXI, não basta ser "bom de cálculo", como há anos. Uma das habilidades principais é saber escrever – não só para os engenheiros, mas para as demais profissões. A outra é estar a par de assuntos atuais.

Logo, ler é de suma importância.

Não deu tempo? Ainda não se habituou a abrir um jornal? Perde-se diante de tantas matérias? Só lê a parte de esportes? Vai aqui uma sugestão: comece comprando uma revista semanal e leia. As matérias, em sua maioria, são breves, sucintas. Lentamente, você irá se inteirando dos fatos até chegar a um jornal de circulação nacional. Tem coisa pior do que você estar em uma roda de pessoas, alguém começar a falar sobre um determinado assunto e você não estar a par de nada? Não adiantam rezas, nesse momento.

Faça isso por você – o mais breve possível.

∴ Um teste rápido

Em *Quiz vestibular* (http://www.uol.com.br) há uma lista de palavras com significados diversos, todas retiradas de jornais de circulação nacional. A brincadeira objetiva pontuar a cultura geral das pessoas.

Transgênico, por exemplo, é um organismo que possui um ou dois genes a mais ou é um organismo geneticamente modificado?

Casuísmo é a aceitação passiva de doutrina, ideias ou princípios, ou oportunismo?

Altruísta é uma pessoa egocêntrica ou uma pessoa generosa, que ama mais o próximo do que a si mesma?

Vanguarda é o movimento musical do final dos anos 60 ou representa ideias avançadas?

Intifada é uma pessoa que contraiu tifo, uma doença infecciosa, ou é um movimento insurrecional palestino contra a ocupação israelense da Cisjordânia e da Faixa de Gaza?

Verifique seus conhecimentos gerais: **transgênico** é um organismo geneticamente modificado; **casuísmo**, a aceitação passiva de doutrina ou ideias; **altruísta**, pessoa generosa; **vanguarda** denota ideias avançadas e **intifada**, movimento insurrecional.

EXERCÍCIO

Que tal testar seu vocabulário?

Circula na internet (http://www.interney.net/testes/testesp.php, acesso em 13 de janeiro de 2005) o seguinte teste:

Assinale a letra que julgar correta:

1. O que é apogeu?
   - a. ❏ cume de um monte, cimo, crista;
   - b. ❏ o mais alto grau, o auge;
   - c. ❏ cólera excessiva.

2. O que é apatia?
   - a. ❏ estado de insensibilidade, impassibilidade;
   - b. ❏ fingimento, mentira, hipocrisia;
   - c. ❏ aborrecimento.

3. O que é balbúrdia?
   - a. ❏ ornamentos, enfeites;
   - b. ❏ articular as palavras imperfeitamente, gaguejar;
   - c. ❏ algazarra, confusão, desordem.

4. O que é compilação?
   - a. ❏ organização de arquivos;
   - b. ❏ constituição física de alguém;
   - c. ❏ encadeamento de coisas, conjunto, união.

5. O que é depreciar?
   - a. ❏ desvalorizar, menosprezar, rebaixar;
   - b. ❏ suplicar, rogar;
   - c. ❏ baixar os preços de produtos ou mercadorias.

6. O que é empáfia?
   - a. ❏ dificuldade, obstáculo;
   - b. ❏ bolinhos feitos de trigo;
   - c. ❏ altivez, soberba.

7. O que é fobia?

    a. ☐ medo, receio;

    b. ☐ tristeza, melancolia;

    c. ☐ ressentimento, mágoa.

8. O que é grilagem?

    a. ☐ barulho feito por grilos;

    b. ☐ posse ilegal de terra mediante documentos falsos;

    c. ☐ prisão feita com uso de algemas.

9. O que é injúria?

    a. ☐ obrigação, imposição;

    b. ☐ contrária à justiça;

    c. ☐ ofensa, insulto, agravo.

10. O que é sigilo?

    a. ☐ silêncio, mudez;

    b. ☐ apito agudo – assobio das serpentes;

    c. ☐ segredo.

GABARITO:

1. b; **2.** a; **3.** c; **4.** a; **5.** a; **6.** c; **7.** a; **8.** b; **9.** c; **10.** c.

SUGESTÃO

Além da leitura obrigatória de jornais e/ou revistas, faça palavras cruzadas. Você verá a diferença em seu vocabulário.

Sempre que redigir um texto (memorando, redação, relatório etc.), releia-o atentamente.

Seja seu maior crítico: há repetição desnecessária de palavras, as ideias estão coerentes ou no meio do texto você começou a desenvolver outro assunto?

Só encaminhe o que você escreveu quando tiver certeza da propriedade vocabular.

Coerência textual é o resultado da articulação das ideias de um texto.

.. Cuidado com os modismos

Aprendemos, portanto, que é importante, além de aplicar conceitos de conhecimento ao lidar com o assunto, defendê-lo ou contradizê-lo. Mas algumas pessoas acreditam piamente que usar palavras da moda é o máximo!

É um tal de "disponibilizar para o cliente", "operacionalizar metas", "alavancar processos", "mapear a agência", "interfacear", "agregar valor", "ser um expertise", "ressetar e reinicializar o computador", "quebrar paradigmas", "setar o equipamento", "elencar os parceiros", "taguear", "mensurar" e otimizar sem fim – aliás, alguns desses verbos nem existem na língua portuguesa. Falta vocabulário e aquele que escreve se apropria dessas palavras tão contraindicadas.

Leia o texto de Marco A. Oliveira, in *E agora, José?*, Editora Senac São Paulo. Esse livro é "um guia para buscar emprego, mudar de trabalho, montar um negócio ou repensar a carreira". O texto foi extraído do capítulo "Preparando-se para a entrevista de emprego".

É um bom exemplo de texto claro, bem argumentado, coerente, objetivo e sem modismos.

> **Seja pontual e seguro**
> Apresente-se para a entrevista entre 10 e 15 minutos antes do horário combinado. Para isso, saia de casa com tempo suficiente, já prevendo os inevitáveis problemas de trânsito, possíveis enganos na escolha de mãos de direção das ruas, dificuldades para estacionar, espera do elevador, essas coisas que costumam acontecer a todo mundo.
> Em São Paulo, esteja atento ao rodízio de carros, pois a entrevista pode acontecer em um dia em que seu auto-

móvel não esteja autorizado a transitar. Lembre-se da lei de Murphy: O que pode dar errado, dará!

E, se sentir que está atrasado, talvez seja melhor deixar o carro em casa e ir de táxi para poupar o tempo de estacionar e os aborrecimentos decorrentes.

Chegar para a entrevista no horário combinado sempre conta pontos a seu favor, mesmo que o entrevistador se atrase. Você não apenas será visto como uma pessoa pontual nos compromissos, mas poderá, com isso, ter também a chance de lavar as mãos suadas ou recompor as ideias e relaxar antes de iniciar a entrevista. (...)

Modismos não levam a nada. A argumentação precisa ser sólida, com bons exemplos. Hoje, umas das técnicas usadas em redação é a do corte: você corta o supérfluo, aquilo que tem pouquíssima ou nenhuma importância. Mas é preciso tomar certos cuidados para o texto não ficar sem sentido.

Veja alguns exemplos:

Prezado gerente, Sr. Jorge Lima,
Venho por meio desta comunicar-lhe um fato bastante desagradável. Por 3 (três) vezes, cheguei à minha mesa, pela manhã do dia seguinte, e constatei que mexeram em meus pertences pessoais. Exemplo: minha agenda sempre fica à esquerda de minha cadeira (hábito antigo!). Não estava! Tenho um lápis verde que ganhei do meu avô e pelo qual nutro imenso carinho. Como está velhinho, só o deixo à direita, perto do telefone. Não estava! E também percebi que meus apontamentos que sempre ficam em frente à minha cadeira estavam à esquerda!

Quero deixar claro que não houve furto! Mas talvez as pessoas que limpam o escritório não estejam tomando os cuidados devidos!
Peço-lhe a gentileza de comunicar ao chefe da limpeza o ocorrido. É bastante desgastante chegarmos no local de trabalho e ja ficarmos estressados!
Sem mais no momento, agradeço.
Rita de Cássia

Veja agora como a Rita de Cássia poderia ter sido mais objetiva.

Caro Jorge,
Hoje, ao chegar ao escritório, percebi pela terceira vez que mexeram na ordem de alguns objetos na minha mesa. Sem dúvida, quem a limpa não está tomando os devidos cuidados. Peço-lhe a gentileza de repassar a minha reclamação ao chefe de limpeza.
Cordialmente,
Rita de Cássia

Veja outro exemplo.

Aos colegas : Sonia, Mario, Sergio, Vitor e Henry
Assunto: reunião

Comunicamos uma reunião urgente e importante para a próxima sexta-feira, dia 22. Sabemos que é vespera de Natal e que todos estão atrasados com suas compras, que é uma sexta, mas as demissões precisam ser e com urgência repensadas. Sabemos da delicadeza e seriedade do assunto, senão estaríamos marcando outra data!

Lamentamos que um fato como este influa em sua vida pessoal, mas não há solução. Nos dias 26, 27 e 28 Mario e Sergio não estarão na cidade.
Elisa Vono

O texto da Elisa é tão longo e confuso que ela se esqueceu de informações importantes: qual a hora da reunião? E o local? Quando a habilidade de redigir não é estimulada, corre-se o risco de repetir o mesmo assunto e deixar de lado informações relevantes. Veja o mesmo memorando, agora escrito de forma objetiva e clara.

Aos colegas: Sonia, Mario, Sergio, Vitor e Henry
Assunto: reunião

Na próxima sexta-feria, dia 22, haverá uma reunião, às 15h30min, no salão azul do Hotel Castro. Mario e Sergio não estarão na cidade na semana que vem e as demissões precisam ser repensadas e negociadas antes do dia 31. Lamentamos esse fato às vesperas do Natal.
Atenciosamente,
Elisa Vono

.. Considerações finais

Neste segundo capítulo, é importante fixar que o tema deve ser amplamente compreendido antes de explicá-lo, defendê-lo ou contradizê-lo.

Atente para o tema da redação. Se for alguma mensagem eletrônica, leia-a com cuidado para respondê-la. Cuidado ao alongar ou cortar textos. A palavra de ordem é atenção para que todo o texto fique coerente.

CAPÍTULO 3

Escreva para ser compreendido: arrume suas ideias

*A terceira competência do **Enem** não deixa dúvida sobre o que deve ser feito:*
selecionar, organizar
e relacionar os argumentos,
fatos e opiniões apresentados
em defesa de sua perspectiva
sobre o tema proposto.

Às vezes, ao lermos uma proposta de redação, levamos alguns minutos para entendê-la. É natural. Cada um tem seu tempo. Alguns, na segunda leitura, já a entenderam; outros necessitam de quatro, seis. Não importa. Respeitar seu tempo é primordial. Quando começamos a redigir, em concursos, principalmente, observamos que pessoas ao lado já estão no meio da redação. Aí instala-se o pânico!

Ou precisa-se redigir um relatório. Todos têm pressa e a pressão é grande – o que atrapalha bastante nosso rendimento. Quem nos dera ter mais tempo!

Ou então uma carta precisa ser redigida ao fim do expediente e a pessoa envolvida no fato está cansada.

As três situações: redações em concursos, relatórios urgentes, cartas apressadas nos fazem refletir sobre a falta de calma em algumas situações do dia a dia que acabam provocando erros, alguns injustificáveis.

Ninguém, mas ninguém mesmo lê e imediatamente compreende o que está sendo exigido. Ler, decodificar, elaborar um raciocínio, redigir, reler levam algum tempinho... Há técnicas para se chegar a um bom texto e a primeira é se manter calmo. Vamos a elas.

.. Roteiro para a elaboração de um texto

1. Leia atentamente o tema, quantas vezes for necessário; certifique-se do assunto a ser desenvolvido.

2. Vá sublinhando aquilo que julgar relevante.

3. Liste, enumere tudo que lhe vier à mente. Nessa etapa, não há censura. Você está dando vazão ao seu pensamento.

É bastante comum a pessoa ter uma torrente de ideias e confundi-las, quer dizer, não saber exatamente como aproveitá-las.

4. Selecione suas ideias, lembrando-se de que selecionar é escolher as mais apropriadas. Agora, sim, acredite em sua capacidade de percepção. Procure observar o que é melhor redigir na introdução, quais os pontos relevantes para sua argumentação e as propostas que deverão constar na conclusão. Atente para a argumentação. Estabeleça ligações entre os parágrafos. Essa etapa chama-se maquete ou esboço de pensamento.

5. Você está pronto para iniciar seu rascunho. Sabe por quê? Porque você raciocinou antes da feitura do texto. Inicie respondendo à pergunta contida no tema. Em concursos, geralmente, os temas são elaborados de tal forma que a pessoa deve concordar ou não. O desenvolvimento deve ter dois ou três (preferencialmente) parágrafos. Atente para exemplos atuais. Relacione fatos, correlacione as ideias. Na conclusão deve haver propostas claras e possíveis para minimizar o problema. O título (forte, curto e de impacto) é a última etapa a ser cumprida.

6. Releia seu texto. É importantíssimo! Faça isso de forma crítica (como se fosse de outra pessoa). Há coerência? Está bem argumentado? Há exemplos? Você repetiu palavras? Há coesão entre as partes? As propostas são viáveis? Qualquer pessoa que ler seu texto vai entendê-lo? Burile-o. É uma questão de técnica e sensibilidade.

7. Caso tenha escrito à mão, passe o texto a limpo. Sua letra deve ser legível (ninguém tem tempo muito menos paciência para entender "letras" estranhas), capriche, não rasure nem use corretores velhos! (Dão uma péssima impressão!). Se estiver ao computador, observe colunas, parágrafos, tabelas, formatação, fonte; verifique a ortografia, selecione, substitua, enfim, utilize os diversos recursos de editores de texto. Se não souber usar essas ferramentas, peça ajuda. Aprenda a lidar com elas. Depois de assimilá-las, seu texto terá uma melhor apresentação.

SÓ PARA LEMBRAR

A primeira impressão é a que fica!

8. Cuide do título em memorandos e/ou mensagens eletrônicas. Ele deve ser pertinente ao assunto a ser desenvolvido. Nada de ambiguidades ou brincadeiras. Em concursos, procure escrever um título curto, forte, de impacto. Evite artigos definidos e/ou indefinidos e verbos no gerúndio.

Em vez de "As origens da crise", elimine o artigo definido **as**: "Origens da crise". Outro bom exemplo: "Perigo morando debaixo dos viadutos". É melhor: "Perigo mora debaixo dos viadutos". "O medo do mundo real?" Não. É melhor "Medo do mundo real". Evite "Caindo na real". Além do uso desnecessário do gerúndio, tem um tom bastante coloquial.

∴ Mensagem interna de uma organização

Assunto: O não uso correto de cinto de segurança obrigatório por lei

Prezados senhores:
Por ocasião de nosso traslado de hoje: Av. Rio Branco
x Botafogo, tivemos a oportunidade desagradável de

constatar a pró-atividade de nossa vigilância, tão bem paga, naquele momento sob a supervisão local do Inspetor de Segurança Interna TEIXEIRA, quando:

Ao adentrarmos, o vigilante contratado, responsável por anotar os nomes dos motoristas, interrompeu o ingresso do ônibus da companhia Pássaro Azul, para advertir o Motorista LUIZ, que o mesmo utilizasse seu cinto de segurança, o mesmo passou o cinto, sem que o afivelasse, seguindo adiante, no entanto o Inspetor de Segurança Interna TEIXEIRA, percebendo a infração, novamente interrompeu o curso, ordenando-o que efetivamente afivelasse o dito cinto, o que foi feito, no entanto, sob protestos. O que desejo focar, é que o nosso elo mais fraco na cadeia TMB, são os contratados, para tanto, torna-se prioritário um trabalho para eles direcionado, de Treinamento. Conscientização e Competência e se após empreendido tal esfôrço (sic), este profissional não reconhecer o VALOR, deste bem, a ação corretiva, a meu ver, deve ser exemplar.

Atenciosamente

Celso Falabella Filho

Observe no texto acima:

O título, além de longo, é impróprio.

O autor se perde na argumentação. Não há uma ideia central (uso do cinto? Ação pró-ativa? Treinamento adequado?). Logo, não há uma ideia central seguida de outras secundárias.

A pontuação está errada. Lembra o fato de alguns terem sido alfabetizados acreditando que a vírgula seja uma pausa oral. Pontos deveriam ter sido usados.

Houve descuido na releitura. "Esfôrço" (com acento) nos aponta para o não uso de editor de texto ou a falta de consulta a dicionários.

→ Uso indiscriminado de caixa-alta (letra maiúscula) e caixa-baixa (letra minúscula) em "Motorista", "Conscientização", "VALOR" etc.

EXERCÍCIOS

Tente reescrever a mensagem, atentando para a argumentação, com o objetivo de chamar a atenção para o não uso do cinto de segurança.

SUGESTÃO DE CORREÇÃO

Assunto: cinto de segurança

Hoje, durante o trajeto Av. Rio Branco – Botafogo, todos os passageiros do ônibus 67/09 puderam presenciar o não uso do cinto pelo motorista Luís Toledo. Mesmo repreendido pelo inspetor de segurança interna, Marcelo Teixeira, o Sr. Luís não cumpriu a regra e ainda desacatou o inspetor.

Aguardo providências quanto a fato tão sério em nossa organização, que prima pela conscientização, competência e pelo treinamento de seus empregados.

Atenciosamente

Bianca de Castro

.. Coesão

A coesão é uma unidade lógica. Tem a ver com coerência. É a capacidade de tornar um texto claro, sem rodeios, simples, objetivo e – acima de tudo – sem repetição de palavras. Diz-se que um texto é coeso quando estão empregados corretamente os conectivos que podem ter os sentidos de:

Alternância
Há um computador nesta sala que ora funciona, ora não.

Conclusão
Osvaldo acorda sempre tão tarde, que vive atrasado.

Concessão
Por mais que me contem, não consigo acreditar.

Explicação
Fique quieto, que preciso terminar a leitura deste livro ainda nesta tarde.

Causa
Minha sobrinha, Patrícia, não pôde viajar, visto que não conseguiu a autorização de seus pais.

Consequência
Sofreu tanto com o sequestro de seu sobrinho, que resolveu mudar de cidade.

Temporalidade
Houve vários protestos depois que o diretor saiu da reunião.

Finalidade
Tentei de tudo para que ele fosse aprovado no vestibular de medicina.

Comparação
Ela fala como a tia.

Conformidade
Preenchi os papéis como você determinou.

Condição
Farei o que você me pedir, com uma condição: dê-me duas horas para me preparar.

.. "Queísmo": o excesso de *quês*

Um dos problemas mais frequentes em textos é "queísmo". O **que** serve para ligar orações, entretanto, quando se tem um vocabulário inadequado, pobre, uma das tendências é se apoiar no **que** de forma exagerada. Este é um dos mais graves problemas de coesão textual.

Observe:

Alexandre, que é o novo coordenador do grupo, que vem a ser sobrinho da diretora, está desenvolvendo um novo projeto, que é o de diminuir o intervalo do lanche, para sairmos mais cedo.

Que tal assim:

Alexandre, novo coordenador do grupo e sobrinho da diretora, desenvolve, no momento, novo projeto – diminuir o intervalo do lanche para sairmos mais cedo?

EXERCÍCIOS

Leia os textos abaixo. Atente para o excesso de **quês**. Observe a capacidade de argumentação. Tente reescrever cada período retirando o maior número possível desse conectivo.

a) Diante da necessidade que temos observado no dia a dia do trabalho desta empresa, no que diz respeito à operação de radiofonia, que é uma ferramenta de grande utilidade no apoio às atividades, sugerimos que a apresentação do presente curso a todos os membros de nossa corporação seja um trabalho realizado com objetividade e segurança.

SUGESTÃO DE CORREÇÃO

Diante da necessidade observada em nosso dia a dia, em relação à radiofonia – ferramenta de grande utilidade no apoio as nossas atividades –, sugerimos o curso a todos os membros da corporação a fim de realizarmos nosso trabalho com objetividade e segurança.

b) Seria errado afirmar que as provas do concurso que o Governo Federal aplicou, no último domingo, foram muito difíceis?

SUGESTÃO DE CORREÇÃO

Seria errado afirmar que as provas do concurso aplicado pelo Governo Federal, no último domingo, foram muito difíceis?

c) Dieta da lua, dieta natural, dieta dos pontos, dieta das proteínas. Dieta do Mediterrâneo, dieta dos signos, simpatias... Em meio ao mar de informações que recebemos todos os dias, fica por vezes difícil discernir mitos de fatos que possuem ampla comprovação científica. Tal distinção, no entanto, é fundamental para não incorrermos em práticas que mais concorrem para minar nossa saúde do que nos oferecem bem-estar. Recorrer a publicações que tenham respaldo de profissionais qualificados na área da saúde é uma boa maneira de evitar os dissabores que as promessas mágicas e milagrosas encerram** (Revista Nestlé faz bem – encarte da *Época* nº 319, Globo, junho/2004).

SUGESTÃO DE CORREÇÃO

Dieta (...) Em meio a tantas informações recebidas todos os dias, fica por vezes difícil discernir mitos de fatos com ampla comprovação científica. Tal distinção, no entanto, é fundamental para não incorrermos em práticas que minam nossa saúde em vez de oferecer bem-estar. Recorrer a publicações com respaldo de profissionais qualificados na área de saúde é uma maneira encontrada de evitar dissabores de promessas mágicas e milagrosas.

Leia, agora, a primeira página de *O Globo*, 12/6/2004. O título da matéria é "Dom Eusébio condena a desigualdade social" (adaptação). Observe o nível de argumentação desse texto que não apela para o *queísmo*.

Em frente a um painel com a palavra 'paz' escrita em letras brancas, o cardeal-arcebispo do Rio, Dom Eusébio Scheid, condenou ontem, ao fim da procissão de *Corpus Christi*, a desigualdade social no país. 'Há homens e mulheres que morrem de fome; outros esbanjam comida', criticou. Ele foi aplaudido bastante pelos cerca de cem mil fiéis participantes da procissão, no Centro. Muita gente atendeu ao apelo da Igreja, levando alimentos para doação. Durante o cortejo houve referências também à falta de segurança. O locutor do carro de som pedia orações pela paz na cidade, "tão ferida pela violência".

Somente um **que**! Você observou?

SÓ PARA LEMBRAR

*Quase sempre é possível eliminar os **quês**. Tornar seu texto mais rico, com bons exemplos, claro, objetivo está ao nosso alcance. O ritmo e o encadeamento das ideias reforçam uma percepção mais positiva de tudo que redigimos.*

.. Como escrever direito

Para se ter um bom texto, técnicas são necessárias. Circularam, na internet, regras bastante inteligentes, como essas que você vai ler agora, acessadas em 14 de janeiro de 2005 no endereço: http://www.dpto.com.br/redacao/internet.htm. Observe que, por meio de uma brincadeira, assimilamos bem as regras.

Desnecessário faz-se empregar estilo de escrita demasiadamente rebuscado, conforme deve ser do conhecimento de V. Sa. Outrossim, tal prática advém de esmero que beira o exibicionismo narcísico.

(Portanto, não use palavras de difícil compreensão nem seja prolixo.)

Evite abrev. etc.

(Nada de p/, c/, tb, vc, sds e afins.)

"não esqueça das maiúsculas", como já dizia carlos maurício, meu professor lá no colégio santa efigênia, em belo horizonte, minas gerais.

(As regras sobre o uso de letras maiúsculas e minúsculas permanecem as mesmas.)

Evite lugares-comuns como o diabo foge da cruz.
(Ou o jovem de hoje é o adulto de amanhã, leve como uma pluma, enfim, todas essas frases extremamente óbvias e repetidas por todos e que nada têm de original.)

Estrangeirismos estão *out*, palavras de origem portuguesa estão *in*.
(Para que *feedback*, *timing* ou *stakeholders*?)

Seja seletivo no emprego de gíria, cara, mesmo que seja irada. Sacou, galera?
(Adolescentes falam gíria, faz parte; mas um adulto – principalmente em seu local de trabalho – usar **tipo, assim, fui, cara** e outras tantas fica feio. Não?)

Evite repetir a mesma palavra, pois esta palavra vai ficar repetitiva. A repetição vai fazer com que a palavra seja repetida.
(Atente para este item. Ao se repetirem palavras, fica evidente um vocabulário pobre.)

Não seja redundante. Não é preciso dizer a mesma coisa de formas diferentes, isto é, basta mencionar cada argumento uma só vez. Em outras palavras, não fique repetindo a mesma ideia.
(Para tal, releia seu texto antes de enviá-lo.)

A voz passiva deve ser evitada.
(Nada contra a voz passiva, mas um texto inteiro com **será iniciada a reunião**; **será abordado este ponto** fica enfadonho.)

Use a pontuação corretamente o ponto e a vírgula especialmente será que ninguém sabe usar o sinal de interrogação?
(Lembre-se: a pontuação correta já é meio caminho andado para uma boa comunicação.)

Nunca use siglas desconhecidas conforme recomenda a ADIJHFS.
(O fato de você conhecê-las não significa que o restante do mundo as conheça também. Explique-as.)

Exagerar é 100 bilhões de vezes pior do que a moderação.
(Ao falarmos, gesticulamos, nos expressamos por meio do corpo, exageramos; ao escrevermos, não.)

Evite mesóclises. Repita comigo: "Mesóclises, evitá-las-ei".
(Logo, use-as com bastante moderação. Prefira ênclise ou próclise.)

Evite frases exageradamente longas, por dificultarem a compreensão da ideia nelas contida e, concomitantemente, por conterem mais de uma ideia central, o que nem sempre torna o seu conteúdo acessível, forçando, desta forma, o pobre leitor a separá-las e seus componentes diversos de forma a torná-las compreensíveis, o que não deveria ser, afinal de contas, parte do processo da leitura, hábito que devemos estimular por meio de frases mais curtas.
(O que fazer? Use frases curtas. Use e abuse do ponto.)

Cuidado com a orthographia (sic) para não estrupar (sic) a língua.

(Não sabe como é mesmo a grafia de alguma palavra? Recorra a um dicionário, a um manual, pergunte. Se não estiver seguro, substitua-a. Só escreva aquilo de que tem certeza.)

Essas regrinhas ajudam. Não? O estilo é pessoal e é bom que seja assim. Alguns as adotam imediatamente; outros, com parcimônia. Não importa. O interessante é seu texto ter a sua marca, a sua "cara" – como dizem os mais jovens.

∴ Clichê pode?

O uso de clichê, conhecido também como lugar-comum, deve ser evitado. É uma regra de estilo. Muitas vezes, ouvimos de pessoas até respeitáveis ou cultas algumas expressões que consideramos "lindas", apesar de não entendê-las (às vezes!), ou as julgamos apropriadas, já que a pessoa em questão é reconhecidamente inteligente. O texto, a seguir, é de Joaquim Ferreira dos Santos, publicado em *O Globo* de 27 de outubro de 2003.

> **Então**
> **Então. Haverá coisa mais irritante do que pessoas que começam frases, tomam fôlego na conversa e substituem suas vírgulas pelo famigerado "então"? Pois então.**
> **É uma das pragas da fala moderna, sucessora legítima do "a nível de", do "enquanto pessoa" e do "vou estar lhe enviando" das décadas passadas. O "então" é mais perigoso por sutil. Trata-se de vírus oportunista, quase um aparentado desse *doping* invisível que os atletas andaram**

tomando para encher de fôlego o pulmão – só que, no nosso caso, a ideia é dar um gás na frase. É difícil notar o "então". Quando você percebe, crau! A palavra já lhe é dona de todo o discurso – e aí, meu caro, aí, para rebater a idiota, só 12 ampolas diárias de Drummond na veia do crânio. Ao dormir, pílulas e mais pílulas, sem copo d'água de Zuenir Ventura.

O "então" disfarçado em sua insignificância curta, oca de sentido, não chega a ter o peso sonoro de uma palavra cretina como "instigante", outra muleta que segurou muito perneta. Mas é da turma. Pretende a mesma pose. Arrota igual *data venia* e cerimônia, esses fardões cheirosos de naftalina que fazem do brasileiro barata tonta quando abre a boca para morder a semântica. Somos um bando de ignorantes vernaculares, seus creysons da vida, todos complicando o papo para ver se ganham a mina na ponta da língua. Achamos que "agregar valor" é suficiente para esconder a burrice generalizada. Eu "agarântio" que não. (...)

∴ Qual é o seu *e-mail*?

A língua portuguesa é uma das mais ricas do mundo. Lamentavelmente, nem todos percebem este fato. Acham que ser moderno, "globalizado", é inserir palavras estrangeiras – sobretudo em inglês – na fala e/ou escrita do dia a dia. E, de tão usadas, essas palavras acabam sendo incorporadas no uso diário, como se fosse algo extremamente criativo.

Em palestras, por exemplo, é comum ouvirmos que "às 10 horas serviremos um *coffee break*"; pior – há empresas com os espaços próprios para os lanches com a plaquinha, evidentemente, em inglês. E o *home banking*? Mix de pessoas? Lojas *delivery*?

SÓ PARA LEMBRAR

Só devemos usar palavras em outras línguas quando não houver similar na língua portuguesa.

Com esta nova "moda", um tanto sem sentido, as pessoas passaram a inventar palavras, assim, sem mais nem menos. Na minha terra se diz que alguém "ouviu cantar o galo, mas não sabe onde". *Startar* é um belo exemplo. Quando os computadores começaram a ser usados no Brasil, a tecla *delete* – feita para apagar o indesejável – além de usada para este fim, tomou outro significado. Tudo era para *deletar*. Está preocupado? *Delete*! O chefe, hoje, está mal-humorado? Delete. E, de tão falada, foi incorporada na língua portuguesa. É oficial. Mas isso não quer dizer que *startar* e *printar* estejam corretas. Elas não fazem parte do vocabulário ortográfico do país. Até o momento, por enquanto!

Como ficar atualizado? Leia muito. Pesquise. Nada pior do que falar palavras em inglês quando há outras, muitas vezes mais sonoras, na língua portuguesa. Isto sem falar que, muitas vezes, esses termos são grafados e/ou pronunciados de maneira errada. Se continuarmos "americanizando" tudo, estaremos nos expondo a uma banca de correção, um chefe, uma namorada, enfim. É como se disséssemos: "Meu vocabulário é pobre, não leio, não tenho este hábito, daí me expressar em outra língua." Pense nisto!

E, por favor, comece a perguntar às pessoas qual é o endereço eletrônico delas, em vez de *e-mail*.

.. Sinônimos

O empobrecimento vocabular é um problema sério! Se nos distrairmos, só usaremos pôr e colocar; ter e possuir. E só!

O que fazer para enriquecer seu vocabulário? Aí vão duas sugestões:

Faça palavras cruzadas. Comece pelas mais fáceis, até chegar às mais difíceis. Em alguns jornais do país, há seções com este passatempo. É uma ótima forma de raciocinar e – segundo os especialistas – ajuda a prevenir a perda da memória e a degeneração cerebral.

Leia jornais, revistas, livros (romances, ficção científica, poesia, autoajuda, entre tantos outros). Certamente, você se identificará com algum gênero literário.

EXERCÍCIOS

1. Leia o texto a seguir e procure substituir o verbo destacado por outros de significado semelhante.

a) Você **tem** o telefone do Colégio Estadual? **Tem** quem afirme que este é um dos melhores colégios do país. **Têm** alguns minutos que estou procurando no catálogo. **Tenho** que sair agora. Procure-o para mim, por favor.

É muito **ter**, não? Procure substituí-los.

GABARITO
sabe, há, faz e preciso.

b) Simultaneamente, o enfermeiro lhe pôs uma sonda nasogástrica, o sacerdote pôs a batina, a irmã do doente pôs o aviso na porta: não entre.

GABARITO:

introduziu, vestiu, afixou.

2. Vamos testar seu vocabulário? Indique os sinônimos que começam pela letra apresentada:

abalo = t	anteceder = p ....
abominar = d	apaziguar = s ....
acumular = a	aprovar = a ....
afetividade = e	árduo = t ....
alcançar = a	arrecadação = c ....
anexo = c	asco = n ....
artigo = m	encarregar = i ....
brilhar = r	enganar = i ....
caça = b	enviar = m ....
cataclismo = c	equivocado = e ....
condescendência = c	esperar = a ....
contrário = o	estouro = e ....
danificar = e	eterno = p ....
desconsolado = t	examinar = o ....
desdenhar = d	exorbitar = e ....
devanear = f	expor = a ....
digno = m	fácil = s ....
discordar = d	facilidade = d ....
dizer = e	falsificar = a ....
duvidoso = i	força = e ....

Banco de palavras | complacência, reluzir ou resplandecer, exagerar, incumbir, emotividade, atingir, nojo, explosão, serenar, divergir, autorizar, trabalhoso, preceder, contíguo, destreza, matéria ou mercadoria, energia, apresentar, catástrofe ou caos, oposto, triste, amontoar, desprezar, fantasiar, merecedor, esclarecer, incerto, detestar, mandar, estragar, errado, aguardar, perene, olhar ou observar, tremor, busca, simples, adulterar, cobrança ou coleta, iludir.

Você errou quatro sinônimos? Você está de parabéns! De cinco a oito, é bom tomar cuidado! Mais de nove, é melhor seguir as sugestões...

.. Considerações finais

Neste capítulo, você avançou bastante em seus estudos. Você deve estar mais seguro. Selecionar, organizar e relacionar os argumentos nada mais é do que pensar antes de redigir. Se assim não for feito, no meio do caminho você encontrará muitas dificuldades para terminar seu relatório ou memorando. Argumente com clareza.

CAPÍTULO 4

Isso faz sentido para você? E para o seu leitor?

Pelo quarto critério do **Enem**, *é possível avaliar se há sentido no que você escreveu. Ele questiona se você é capaz de* **construir uma argumentação consistente para defender seu ponto de vista.**

Uma opinião, uma resposta, um esclarecimento dependem de uma boa argumentação. Imagine que você comprou um produto e, ao chegar à sua casa, percebeu um defeito de fabricação. Ao telefonar reclamando, pedirão a você uma carta relatando o dia e o local da compra, qual é o defeito etc. Seu texto deve ter clareza, boa apresentação, objetividade e uma argumentação sólida, quer dizer, seu ponto de vista precisa ser defendido.

Outra situação: um colega seu reclamou com seu gerente de uma situação que o envolve. Você precisa se defender. Houve um mal-entendido e a sua argumentação será fundamental em sua defesa.

Ou ainda: um cliente reclama do seu atendimento. Afirma que você foi antipático e um tanto rude (e justamente naquele dia você estava mesmo com problemas pessoais). Seu gestor recomenda que você escreva uma carta desculpando-se. O texto deverá ser simples, claro e maravilhosamente argumentado. Suas desculpas deverão ser convincentes! E não pense que a capacidade de argumentação vale apenas para advogados e juízes. Às vezes, nem percebemos, mas praticamos essa habilidade diariamente.

.. Como argumentar?

Por meio de um texto com intenção persuasiva, defendendo seu ponto de vista, fundamentado em argumentos, com a estrutura de introdução, desenvolvimento e conclusão e linguagem de acordo com a norma culta da língua.

Vamos aos exemplos.

A carta do primeiro caso poderia ser neste modelo:

Rio de Janeiro, 28 de outubro de 2021

Prezados senhores,
Comprei um aparelho de ar-refrigerado na Loja Castro, de Copacabana, em 10 de setembro. Ao chegar à minha casa, instalei o aparelho de acordo com o manual de instrução e, para minha surpresa, nada aconteceu. Nenhum ruído, nada. O aparelho não funciona, literalmente.

    Imediatamente voltei à loja e lá me informaram que o problema não era mais dela e, sim, do fabricante.

    Telefonei, então, para o 0800. Fui atendido pela Sra. Rinalda Cirne que muito gentilmente me avisou que iriam analisar o problema, checar os dados e em torno de 24 horas a assistência técnica estaria em minha residência.

    Até o momento, sequer recebi um telefonema.

    Aguardo uma providência com urgência.

    Atenciosamente

                                Arlete Garcia

Vamos ao segundo caso?

Rio de Janeiro, 28 de outubro de 2021

Prezada Sra. Cristina,
Em relação ao fato ocorrido em 22 de setembro – fase final de nossa campanha de coleta de alimentos para crianças carentes – gostaria de esclarecer os infundados comentários da Sra. Olga, diretora do Lar Criança Feliz.

    Em nenhum momento procurei arrecadar doações por intermédio de meios ilícitos ou de outros que fugissem à minha ética profissional.

Minha postura foi a mesma usada durante os nove anos à frente desta ONG.

Espero, sinceramente, que tal assunto se encerre com este esclarecimento.

Cordialmente

Rita Braga

E o terceiro texto:

Rio de Janeiro, 28 de outubro de 2021

Caro Sr. Daniel,
Agradecemos sua manifestação, pois acreditamos que toda e qualquer observação contribui e muito para a melhoria de nossos serviços.

Se pareci rude, peço desculpas. Em nenhum momento foi essa a minha intenção. Esclareço sua dúvida: a remoção simples de dente de siso custa R$ 550,00 e a remoção de siso incluso, R$ 950,00.

Por favor, caso haja alguma dúvida, telefone, envie uma mensagem ou um fax.

Terei o maior prazer em atendê-lo.

Atenciosamente

Ana Paula Cavalcanti

Os três textos são claros, não? O objetivo de cada um é atingido, ou seja, a pessoa defende seu ponto de vista com argumentação.

.. Clareza

O fato de usarmos palavras tidas como sofisticadas, por si só, sem coesão com o restante do texto, não resolve o problema. Argumentar com clareza e coesão tem a ver com leitura diária, com a prática de falar corretamente, sem modismos, sem ambiguidade e sem redundância.

Um exemplo do que estamos falando pode ser visto no texto a seguir, redigido por dois alunos do 3º ano do Ensino Médio durante uma aula de Redação. O tema naquele dia era a argumentação. Os alunos redigiram essa "brincadeira" para mostrar à turma o que não se deve fazer. Dois adolescentes de 17 anos escreverem isso; é simplesmente genial!

Para ler e refletir

Ao analisarmos a atual conjuntura socioeconômica em questão, fatidicamente nos remetemos à situação atual, pois nela contida está a problemática cultural que ocasionará – irremediavelmente – toda e qualquer resolução possível.

Sendo assim, é humanamente inviável permitir a concomitância existente entre toda e qualquer perspectiva bem como suas respectivas significâncias.

Porém, se observada por meio de uma visão prismática, percebe-se que se trata de uma ocorrência atípica e não muito voluntariosa. Neste caso, porém, pode ser dito com certeza quase infindável que há uma linha tênue entre a indubitável capacidade de regeneração mensurada pela constatação anterior e sua perceptível irrelevância em detrimento as novas tecnologias aplicadas; representando assim um ônus ao planejamento macro previamente estabelecido.

Concluindo – se for realmente notada a exorbitância e a magnitude do momento específico, este contextuante se torna estereotipado e condicionado à egocentricidade do ser vivente que é, assim, levado a ostentar um conformismo austero mas não propriamente introspectivo.

Você entendeu alguma coisa? O texto faz sentido? Há argumentação sólida, clareza e objetividade? Claro que não.

A fim de se obter uma argumentação consistente, além da leitura, de um rico vocabulário, da coesão e da coerência textuais, é primordial que haja clareza, jamais ambiguidade, e objetividade naquilo que se escreve. Caso contrário, seu texto pode ficar parecido com o que acabamos de ler, ou seja, "escreveu, escreveu e não disse nada".

Isso é o que acontece, muitas vezes, quando lemos um artigo, um simples bilhete ou até um relatório e temos a desagradável sensação de não entendermos totalmente o texto. Sabe o que faltou? Clareza.

Suponha um concurso. Atualmente alguns exigem questões discursivas; outros, uma redação formal com aproximadamente 25 linhas; outros, interpretação de texto (com questões de múltipla escolha ou discursivas).

A clareza, em qualquer redação, é imprescindível. Antes de entregar, encaminhar, enviar o texto, releia-o. Quantos erros, deslizes, enganos deixamos passar porque simplesmente a preguiça ou a pressa nos dominaram?

Redigir envolve sensibilidade. Ao reler, se achar algo estranho, confuso, truncado, reescreva o trecho (ou, se for o caso, todo o texto). Acredite em você, na capacidade extraordinária do ser humano de perceber. Faça o possível para não se expor.

Imagine agora um exame de seleção. Você foi aprovado em todas as etapas anteriores e a próxima é a redação de um texto dissertativo (isto é, sua opinião sobre determinado assunto) com um tema atual (previsto em edital) retirado de jornais de circulação nacional. O tema escolhido pela banca seria:

Voluntariado empresarial é um conjunto de ações realizadas por empresas para incentivar e apoiar o envolvimento dos seus funcionários em atividades voluntárias na comunidade (...) as empresas consideram cada vez mais que estas atividades são de importância estratégica para o alcance das suas metas de negócios (...) por ser o voluntariado parte importante da estratégia global de recursos humanos e de comunicação.

Explique a importância do voluntariado na correção da injustiça social no Brasil.

Agora leia o texto a seguir com atenção, observando seus pontos negativos. Sublinhe o que julgar incorreto.

A ação do voluntário empresarial é indispensável em relação aos acontecimentos do mundo moderno, distribuir cestas básicas, dar aulas aos necessitados, e ajudar comunidades carentes são exemplos de algumas dessas ações. Mas do que adianta tanta dedicação se essas atividades só se repetem uma vez ao ano, o brasileiro prescisa (sic) aprender que se ele quer ajudar, ele têm (sic) que se dedicar ao máximo.

Observe no texto anterior:

Há vírgulas em excesso. Talvez o autor devesse usar mais pontos. Todo o texto ficaria mais objetivo.

Ele cita acontecimentos do mundo moderno e o tema exige uma relação com o Brasil.

→ Há erro crasso. A grafia correta é **precisa** e não "prescisa".
→ Falta clareza.
→ Em nenhum momento o autor correlaciona o voluntariado empresarial com as injustiças sociais, como exigia o tema.
→ O autor afirma que tais ações são praticadas somente uma vez ao ano. Estaria ele mencionando o Programa Fome Zero?
→ O correto é: **ele tem** (sem acento); **eles têm** (com acento).
→ E não se esqueça: releia, sempre, o que escreveu!

Observe, no próximo texto, os pontos negativos.

Ajudar ao próximo tornou-se mais um ítem (sic) indispensável na correlação de características essenciais a uma empresa. O capitalismo financeiro vem se modificando e estendendo suas repartições a creches e asilos. E assim, a atividade filantrópica beneficia não só os necessitados mas também todos os voluntariados, que adquirem uma consciência mais humana e sensível à realidade. O pensamento "doar um pouco de si" cresce perante empresas e minimiza, com isto, as carências de pessoas marginalizadas pela vida.

Observe no texto anterior:
→ **Item** é sem acento, o que, aliás, é uma dúvida corriqueira.
→ **Capitalismo financeiro** ficou um tanto vago, mas logo depois ela encontra o tom certo.
→ A autora incorreu no erro de apenas tangenciar as injustiças sociais. Certamente, este ponto deveria ter sido mais aprofundado.
→ Este texto está mais bem escrito ou melhor escrito que o primeiro. Sabe por quê? Está mais claro. O uso de um vocabulário apropriado foi bem-vindo.

Observe como o texto a seguir é claro, bem argumentado e com bom vocabulário. O tema é o mesmo dos anteriores:

A crise humanista de amparo ao próximo é resquício dos primatas, pois o homem é por natureza competitivo e anseia por seu reinado supremo. Em tempos de cólera, porém, quando a sociedade assiste à degradação da espécie, a sensibilidade evoca nas mentes e contagia o âmago. Presenciar a ação integrada de conglomerados industriais na participação de responsabilidade social é inicialmente contraditório, uma vez que estes visam ao suprassumo da ideologia capitalista: o lucro.

Entretanto, a tendência virou modismo: empresas disponibilizando e preconizando o aspecto do voluntariado a seus funcionários – com o objetivo de marketing diferencial em relação às concorrentes? Não importa. Esta fase prestativa de ação social (que esperamos todos perdure por muito tempo) contagia as pessoas e desta forma é possível minimizar a tremenda injustiça social brasileira.

.. Gerundismo

Começou nas empresas de *telemarketing*. Houve uma má tradução dos manuais. Não há, na língua portuguesa, o uso de dois auxiliares seguidos de gerúndio, como neste exemplo:

Vou estar encaminhando o documento daqui a meia hora.

E de tanto ouvirmos, passamos a repetir esta estrutura da língua inglesa! É um tal de:

Vou estar passando sua ligação.
Vou estar agendando a reunião.
Vou estar passando em sua casa no sábado à tarde.

Essa "praga" já está tão disseminada, que não atentamos mais para o erro.

O uso mais correto é usar um auxiliar seguido de verbo no infinitivo:

Vou passar sua ligação.
Vou agendar a reunião.
Vou passar em sua casa.

Quer ser mais formal? Prefira os verbos nos tempos simples:

Passarei sua ligação.
Agendarei a reunião.
Passarei em sua casa.

Esse uso irrefletido do gerúndio provocou uma brincadeira extremamente saudável em uma agência de publicidade de São Paulo. Algumas pessoas do Departamento de Recursos Humanos, já incomodadas em ouvir tanto verbo com a terminação -**ndo**, optaram por um convite (aparentemente insólito). Daquele dia em diante ninguém mais poderia falar (muito menos redigir) nenhum verbo no gerúndio. Todos deveriam ter uma preocupação formal em falar corretamente, sem vícios e/ou modismos – afinal, uma agência de publicidade lida com a língua das formas mais variadas. Foi proposta uma "caixinha de gerúndio". Cada vez que ele fosse usado, seria cobrado R$1,00! Todos concordaram. Em uma semana, o dinheiro arrecadado foi tanto, que toda a agência saiu para uma bela chopada. E, dessa forma, aqueles profissionais conseguiram se conscientizar! Já imaginou quantos verbos no gerúndio você usa por semana? Pois é, alguns chegaram a "pagar" uma multa semanal de mais de R$50,00. Finda a "dinâmica", o cuidado foi maior; todos passaram a pensar bastante antes de falar e/ou escrever e por meio dessa brincadeira (afinal, todos morriam de rir a cada bobagem dita pelo outro) – depois de um mês – a agência conseguiu ao menos minimizar bastante o uso indiscriminado desta "praga".

Você – incontestavelmente – não precisa pagar R$ 1,00 ou qualquer multa por se expressar. Há, contudo, de ter força de vontade e atenção redobrada para melhorar cada vez mais, tornando sua comunicação mais clara, coesa, bem argumentada e sem esses vícios de linguagem.

SÓ PARA LEMBRAR

Curiosidade

Observe o texto abaixo. Você vai achá-lo, no mínimo, interessante!

De aorcdo com uma pqsieusa de uma uinrvesriddae, não ipomtra em qaul odrem as lrteas de uma plravaa etãso, a úncia csioa iprotmatne é que a piremria e útmilia lrteas etejasm no lgaur crteo. O rseto pdoe ser uma ttaol bçguana que vcoê pdoe anida ler sem pobrlmea. Itso é poqrue nós não lmeos cdaa lrtea isladoa, mas a plravaa cmoo um tdoo. (http://www.openland.pt/portal, acesso em 14 de janeiro de 2005).

.. Relatório – uma técnica

Muitos profissionais redigem relatórios. Alguns, semanalmente; outros, mensalmente. Depende do cargo ocupado, do ritmo da organização, da sistemática da empresa. Em alguns momentos (durante a elaboração do texto) percebemos que falta algo, não há clareza – às vezes, por estarmos sem paciência; outras, por estarmos cansados; outras, por não dominarmos as técnicas de redação. Certamente, nesses casos, seu texto ficará com falhas de comunicação. Outras vezes, há tantas informações, que ficamos confusos e – sem dúvida – o texto ficará truncado ou prolixo, com excesso de elementos desnecessários. O que fazer?

O velho esquema do lide – tão conhecido por jornalistas – é um facilitador em nosso dia a dia. A regra é simples: **3 Q+POC**.

Quem | As pessoas envolvidos no fato.
Quando | Foi pela manhã? Ontem? Há um mês?
Quê | O fato em si.
Por quê | O motivo, a razão do fato.
Onde | Onde ocorreu o fato?
Como | Como ocorreu o fato?

Para um bom treino, primeiramente, liste os **3 Q** (a ordem dos Q é sua; você a escolhe!) e os **POC**. Depois redija o texto. É fácil.

Vejamos um exemplo:

Quem | **Eliane Garcia.**
Quando | **Hoje pela manhã** (ou coloque a data).
Quê | **Chegou atrasada novamente.**
Por quê | **Mora longe e não consegue se organizar.**

Onde | Mora na Zona Oeste do Recife e trabalha na Zona Sul.
Como | Tem de deixar o filho na creche antes de se encaminhar para o trabalho. O bebê chora com a separação e ela fica penalizada. Só consegue ir para a empresa depois de acalmá-lo.

Veja como ficou:

Eliane Garcia chegou novamente atrasada hoje. Por morar longe da empresa e ter de deixar o bebê (em fase de adaptação) na creche, não consegue se organizar e chegar a tempo. Conversamos a respeito. Acredito que não ocorrerão mais problemas desta ordem.

Izabela Toledo
Gerente de Vendas

EXERCÍCIO

Faça, agora, o seu **3 Q+POC**. Se for o caso, crie um. É só um treino.

Lembre-se: clareza e concisão são de suma importância em todo e qualquer texto. Leia, releia até a certeza. Se não, seu texto pode ficar como o da piada que circula na internet (http://www.cacofnd.org/humor/rapidinhas_arquivo.asp, acesso em 14 de janeiro de 2005):

O advogado e a laranja
Um professor de Direito perguntou a um dos seus estudantes:
– Se você quiser dar a Paulo uma laranja, o que deverá dizer?
O estudante respondeu:
– Aqui está, Paulo, uma laranja.

O professor gritou, furioso:

– Não! Não! Pense como um advogado!

– Ah, bom... – suspirou o aluno. – Lá vai: "Eu, por meio desta, dou e concedo a Paulo e somente a ele a propriedade exclusiva e benefícios futuros, os direitos, as reivindicações, títulos, obrigações e vantagens no que concerne à laranja em questão, juntamente com sua casca, sumo, polpa e sementes, e todos os direitos e vantagens necessários para morder, cortar, congelar e de outra forma comer a referida laranja, ou cedê-la com ou sem casca, sumo, polpa ou sementes, e qualquer decisão contrária, passada ou futura, em qualquer petição, ou petições, ou em instrumentos de qualquer natureza ou tipo ficam assim revogadas."

Uma brincadeira à parte com os advogados...

.. Considerações finais

A fim de construir argumentos consistentes, lembre-se de organizar o conteúdo, ler o tema atentamente, informar-se, pesquisar dados.

Leia, releia, não importa quantas vezes, ou por pior que seja a premência de tempo. Ao entregar seu texto, tenha a certeza de que fez o melhor.

CAPÍTULO 5

Defenda suas ideias, mas procure não ofender ninguém

*Estudar uma questão sob óticas diversas ajuda a entender melhor o mundo. E isso será necessário para vencer mais uma etapa do **Enem**, que avalia sua capacidade de **elaborar proposta de intervenção sobre a problemática desenvolvida, mostrando respeito à diversidade de pontos de vista culturais, sociais, políticos, científicos e outros.***

Para se desenvolver pontos de vista diversos há de se ter argumentação. E para obtê-la, vale lembrar: leitura é imprescindível. Essa última competência diz respeito a redações para concursos. No último parágrafo, o de conclusão, é importante sugerir algo. As sugestões devem ser plausíveis, claras, objetivas. Cuidado – nada de radicalizar. Devemos apresentar nossas opiniões de forma simpática, atenciosa, cortês. Escrever com desenvoltura, com argumentação, clareza e coesão é uma habilidade a ser desenvolvida por todos – desde cartas comerciais a teses.

A competência número 5 também cabe quando discordamos de alguém e é preciso intervir em uma determinada situação. Normalmente, são circunstâncias delicadas, em que nos sentimos como se pisássemos em "campos minados".

É comum, também, em empresas – principalmente – não gostarmos de todas as pessoas. Com algumas, temos mais afinidades; com outras, menos. E é exatamente com a turma menos afinada que temos problemas. A linguagem correta, então, se faz mais necessária ainda, para que a tensão diminua e não seja mais um ponto de discórdia.

Dito isso, vamos à prática.

.. Análise crítica de textos

O tema da redação do vestibular da UERJ/2005 foi:

Na tentativa de formar um público leitor no Brasil, deve-se incentivar a leitura como fonte de prazer e emoção.

Foram selecionados quatro gerentes (de empresas diferentes) e pediu-se a eles que escrevessem um texto dissertativo, baseado no tema tão atual da UERJ, de aproximadamente 25 linhas.

Observe a conclusão do gerente 1:

A formação de uma cidadania com pensamentos diferentes entre si ocorreria se o governo auxiliasse mais na alfabetização da população (principalmente a classe mais pobre), pois assim não haveria um pensamento em bloco. Desta forma, certamente o país se tornaria mais culto.

Comentário | A alfabetização benfeita (é o que se entende) não pode ser a única responsável pela falta de prazer e emoção em relação à leitura. O problema atinge somente a classe pobre? É isto o que entendemos... Não se compreende o que o autor quis dizer com "pensamento em bloco".

Vamos ao gerente 2:

Para que a leitura seja introduzida na sociedade com o objetivo de formar um público leitor no Brasil não só o prazer e a emoção devem ser focados como motivação à adesão de pessoas. Há de se ressaltar a importância do hábito da leitura como forma de um enriquecimento intelectual e assim a formação de uma sociedade mais instruída e menos ignorante.

Comentário | O autor acredita que não há, no Brasil, público para esse mercado? A leitura ainda não foi introduzida no país; quer dizer que ninguém lê? O período está longo e mal pontuado e não há propostas.

Veja o que escreveu o gerente 3:

É preciso que haja uma mobilização por parte dos professores das escolas visando ajudar na criação de uma nova dinâmica de leitura para que os jovens tenham interesse, cada vez maior, em ler. Desta forma, será possível construir um excelente público leitor capacitado para entender e articular sobre diversos temas importantes tanto sociais quanto culturais.

Comentário | O gerente 3 foi mais habilidoso em seu texto. Claro, sucinto, só incorreu em um deslize: sugeriu somente uma ação – responsabilizar os professores.

E finalmente o quarto gerente, aliás, uma gerente:

Pensar na leitura como pura forma de entretenimento subestima o potencial de formação de opinião presente nos livros e revistas. É necessária a estimulação de leitores para criar cada dia mais indivíduos com pensamento crítico capazes de conduzir suas vidas. Mostras, feiras, bienais são bem-vindas. Preços alternativos, também (em alguns países, edições são lançadas tanto em brochura quanto de luxo). Construir bibliotecas de fácil acesso e cuidar da conservação e variedade dos livros neste local contribuirão para o crescimento de uma geração consciente, com capacidade para usufruir de seu livre-arbítrio e estruturar a nação visando ao desenvolvimento.

Comentário | É nítida a preocupação da autora com a argumentação. A conclusão está clara, simples, bem desenvolvida. É isso!

.. Apure o senso crítico

Quando o adulto não se recicla, não se interessa pela língua portuguesa, é natural elaborar um texto repleto de chavões, redundâncias e ambivalências – o que, indubitavelmente, acarretará erros, sobretudo de estilo. Em quase todos os jornais importantes do país há colunas escritas por bons professores. Nelas, há dicas, sugestões, retificações, regras. Quer estar a par? Procure se informar quais jornais têm essas matérias e leia-as. É uma forma de você se atualizar diariamente.

De nada adianta dominar um rico vocabulário e adorná-lo com palavras da moda, não atentando para o conteúdo textual.

Imagine alguém falar:

Teremos um *meeting* às 16 horas para discutirmos o curso intensivo de *approach*. Tive um *insight* ontem à noite, no meio da hora do *rush*, e pensei no *upgrade* da produtividade sistêmica. Há dispersão, desmotivação entre os profissionais que aqui trabalham e estou profundamente preocupado com o programa de *targets* e avaliação de *performance*. Precisamos elaborar um sistema de *stock option* e uma campanha impactante. Aliás, metas factíveis são urgentes. Talvez se agirmos com um *downsizing* progressivo poderemos encontrar uma sinergia *high-tech* para resolvermos esta questão o mais rápido possível. O que você acha?

Coitado do infeliz que deverá responder. Não?

Quantas pessoas você conhece que falam desse jeito? Falam, falam, falam... repetem, repetem, repetem... tudo o que ouvem; acham elegante; têm certeza de que se introduzirem palavras em inglês e outras "do mercado", serão mais respeitadas, causarão um impacto forte, boa impressão. Não percebem que tudo não passa de modismo.

Em algumas situações, alguém ouve uma pessoa hierarquicamente superior se expressar dessa forma e seu senso crítico "cochila". Acha bonito falar assim e daí vem a repetição descabida.

Nesses modismos, incluem-se expressões sem sentido, o uso irrefletido de palavras em inglês e redundâncias exageradas.

Para se fazer entender, para a comunicação atingir seu objetivo, são necessários alguns requisitos básicos: clareza, simplicidade, coesão, boa argumentação e um vocabulário apurado. O mais é tolice. Quando estas habilidades estão ausentes, é comum empregarem-se modismos.

Atente para este período, proferido por uma palestrante em um encontro para gestores:

É propriedade característica de quem grita bem alto não ter uma boa escuta.

Houve um tremendo mal-estar! Se é propriedade, é característica. Certo? Quem grita emite um som alto. Não? Por que a redundância?

De tanto ouvir bobagens, sem querer, nós as repetimos – este é o problema! Há de se ter cuidado redobrado, senso crítico. Pense muito antes de redigir. Ao falar, tenha mais prudência ainda. Está mais do que provado que falar com fluência é infinitamente mais difícil do que escrever. Ao redigir, consultamos dicionários, internet, pesquisamos em manuais de redação e estilo ou tiramos dúvidas com alguém. Ao falar, é diferente. A ação é concomitante: pensa-se e fala-se; logo, todo cuidado é pouco.

∴ Depurando o texto

Leia o texto abaixo. Pediu-se a um médico que redigisse um texto usando – propositadamente – modismos e redundâncias. Observe o resultado:

Amanhece o dia. A multidão de pessoas encara de frente mais um dia de trabalho. O fato real é que o ser humano excede e muito seu próprio limite, não se alimentando bem, trabalhando em excesso, não bebendo líquido o suficiente, não indo periodicamente ao médico. Desta forma, possivelmente poderá ocorrer alguma doença.

Releia o texto e grife os excessos.
Vamos aos erros:
- Se amanhece, só pode ser o dia. Há amanhecer da tarde?
- Multidão só pode ser de pessoas. Ou não?
- Ninguém encara de costas. Certo?
- Se é fato, é real.
- O "muito" em "exceder" não está a mais?
- Os quatro verbos (alimentando, trabalhando, bebendo e indo) estão no gerúndio. Atenção para o uso exagerado desse tempo verbal!
- Se é "possível", certamente "poderá". Não é?

Veja o que a desatenção pode produzir:

Um superintendente chamou seu assessor e lhe disse: "Fica a seu critério pessoal dividir as tarefas em duas metades iguais, distribuí-las entre os dois grupos e criar novas metas baseadas nesta tarefa."

O assessor saiu rindo, é claro! Seria aquilo uma brincadeira? Se era a critério dele, só podia ser pessoal; metades são iguais e o verbo criar só pode referir-se a algo novo! Ficou na dúvida se perguntava algo ou não. Optou por não questionar nada, afinal, era novo na empresa. Saiu com uma péssima impressão de seu novo chefe.

Mais um caso:

Uma senhora teve um sério problema com um banco quando estava viajando a trabalho. Assim que chegou, telefonou para o gerente. Conversaram longamente e ele lhe sugeriu que escrevesse uma carta formalizando sua reclamação. Ela assim o fez:

Caro Sr. João Carlos,
Venho por meio desta, por sua sugestão, formalizar minha reclamação junto a esta instituição.

Tenho certeza absoluta – a quantia exata de R$ 580,00 (quinhentos e oitenta reais) foi debitada de minha conta sem autorização minha. Nos dias 4, 5, 6, inclusive, (do corrente mês) estava ausente do país. Há sintomas indicativos de falcatrua (de quem, não sei!).
No mais,
Ana Lúcia Longo
Em tempo – anexo junto à carta xerox de minhas passagens aéreas.

O gerente resolveu grifar todos os erros:

➡ **Venho por meio desta**... é arcaico, modelo de abertura de carta da década de 1980. Ora, se a linguagem, hoje, é concisa, como iniciar um texto dessa forma?

➡ Certeza só podia ser absoluta.

→ Quantia só podia ser exata.

→ Dias 4, 5, 6 ... o **inclusive** chegou a ser engraçado. Claro que ele já entendera que no dia 6 a Sra. Ana Lúcia estava ausente do país...

→ Sintomas só podem ser indicativos.

→ Se havia algo anexo, obviamente estava junto.

→ Xerox é o nome de uma empresa americana. No Brasil, tiramos cópias!

→ "No mais" o quê? Que mania as pessoas têm de terminar seus textos dessa forma em desuso!

O gerente percebeu – rapidamente – que ajudar a Sra. Ana Lúcia seria tarefa árdua.

.. Pleonasmos

Quantas tolices falamos, não? Observe outros exemplos. Se você usa algumas das expressões já citadas ou outras que você lerá a seguir, sublinhe-as. É uma forma de você chamar sua atenção.

a razão é porque;
acabamento final;
de sua livre escolha;
detalhes minuciosos;
elo de ligação;
empréstimo temporário;
escolha opcional;
expressamente proibido;
governador do estado;
há anos atrás;

novo recomeço;
piso mínimo;
planejar antecipadamente;
prêmio extra;
superávit positivo;
surpresa inesperada;
sussurrar em voz baixa;
teto máximo;
todos são unânimes;
vereador da cidade.

.. Ambiguidade

Leia, atentamente, o trecho de uma mensagem eletrônica que uma colega de trabalho enviou a outra. Mal sabia que o bilhete seria lido por muitas outras pessoas:

... amante de Cláudia que vem a falecer após algum tempo.

Além da indelicadeza de propagar a vida íntima de alguém, fica a dúvida: quem faleceu? Cláudia? Ou o amante? Claro que todo o texto (se fôssemos inconvenientes, o publicaríamos!) deixa claro quem faleceu, fato que não nos interessa. O objetivo é discutir a ambiguidade textual.

Para não cair nesta armadilha, só há um passo. Leia, releia seu texto com atenção antes de entregá-lo ou enviá-lo. Caso a dúvida persista, peça a alguém, cuja opinião você respeite, para ler seu texto. Esteja aberto a críticas. Em algum momento há ambiguidade? Falta clareza? Não fique tentando substituir palavras; é pior – você perderá tempo e paciência. O que fazer? Reescreva – se for o caso todo o texto!

Em um relatório, um gestor redigiu:

Celso participou da reunião de gestores com Roberto, na sucursal de Santa Catarina, na qual ele voltou a pedir unidade na empresa.

Afinal, durante a reunião, quem pediu unidade na empresa, Celso ou Roberto?

Atenção é a palavra-chave. Às vezes, o que queremos dizer é claro para nós (por estarmos tão envolvidos com o assunto), mas não para quem lerá.

Pediu-se a um economista que redigisse um parágrafo evidenciando a ambiguidade. Ei-lo:

Diziam que como Lula era uma pessoa do povo, este seria um governo mais justo, mas se enganaram; ainda há desigualdade social acarretando a violência e morte de inocentes.

Como você deve ter percebido, o texto gera a seguinte dúvida: o Lula anda matando pessoas inocentes? Cuidado! Sem querer, em alguns momentos podemos até prejudicar alguém.

Na cerimônia da formatura, eles estiveram com sua mãe.

Eles estiveram com a mãe de quem? Deles? De uma terceira pessoa? O pronome **seu** causa muita ambiguidade porque pode referir-se a vários enunciados na 3ª pessoa.

EXERCÍCIOS

Seguem-se mensagens eletrônicas com erros de todos os tipos (falta de clareza, coesão, argumentação, entre outros). Reescreva-os com a maior atenção possível. A seguir, sugestões de correção.

1) Zu, gostaria de saber o que está acontecendo com a marcação do período de férias do Funcionário Pedro Guimarães? Pois já sofreu três remarcações, e sendo que a que está marcada para novembro não deverá ocorrer devido à superposição de férias de outro Funcionário, abalando em muito nosso trabalho.

SUGESTÃO DE CORREÇÃO

Cara Zuleica,

Qual o problema com as férias de Pedro Guimarães? Parece já ter havido três remarcações e – além disso – em novembro, outro funcionário do meu departamento já as requisitara. O que podemos fazer?

Atenciosamente

Luís Celso Toledo

2) Flávio, não foi possível fazer a devolução do ISS, o pagamento já tinha ocorrido no dia 6/11, em São Paulo o pagamento foi antecipado em 2004 e não tinha conhecimento. Para evitar maiores penalidades, vou estar providenciando a declaração e as guias do INSS para que o Autônomo possa estar solicitando o ressarcimento junto à Prefeitura e ao INSS. Tão logo obtenha os documentos citados providenciarei a remessa para vocês.

SUGESTÃO DE CORREÇÃO

Prezado Flavio,

Não foi possível fazer a devolução referente ao ISS do autônomo. Em 2004, São Paulo optou por antecipar esse tipo de pagamento e eu não tomei conhecimento do assunto. Falha minha. Infelizmente, o prazo (06/11) já expirou. Para evitar mais problemas, providenciarei – o quanto antes – a declaração e as guias do INSS para que o Sr. Luís Carlos Guimarães possa solicitar o ressarcimento junto à Prefeitura e ao INSS.

Fique tranquilo. Assim que a documentação estiver pronta, aviso.

Cordialmente

Alexandre Garcia Vargas

3) **A gerência de telecomunicações informa que em virtude da necessidade de substituição dos equipamentos de energia que alimentam a Central Telefônica do Prédio nenhum dos ramais dos telefones do edifício funcionará entre 20:30 do dia 3/07/2004 até 9:30 do dia 4/07/2004.**

SUGESTÃO DE CORREÇÃO

A Gerência de Telecomunicações comunica a substituição dos equipamentos de energia, da central telefônica do prédio. Para tal, nenhum dos ramais telefônicos operará de 20h30min de 3/7 a 9h30min de 4/7.

.. Considerações finais

Chegamos ao final das cinco competências! Esperamos tê-lo ajudado.

Se está provado que redigir é técnica – e você já a adquiriu – agora é treinar! Se você não tem necessidade de escrever tanto no seu dia a dia, redija, diariamente, nem que seja um comentário de um filme, uma análise crítica de algum fato no Brasil, alguma experiência pessoal. Só assim você melhorará.

Sucesso na nova empreitada!

CAPÍTULO 6

Você no escritório: a redação administrativa

Agora você verá como se organizam alguns dos principais tipos de textos usados em atas, ofícios, memorandos, cartas comerciais, entre outros. Trata-se de um material de consulta, pois algumas organizações têm seus próprios modelos. Este capítulo contém ainda informações sobre correspondência eletrônica e uso de abreviações e siglas.

∴ Ata

Documento em que deve constar um registro detalhado de fatos e resoluções a que chegaram as pessoas convocadas a participar de uma assembleia, sessão ou reunião. A expressão correta é **lavrar uma ata** e não redigir uma ata.

∴ Forma de organização

Deve ser escrita à mão, em livro especial, com as páginas numeradas e rubricadas, porém muitas organizações já aceitam a ata digitada. As anotações, porém, são feitas à mão, durante a reunião.

Ao digitar, o espaço que sobra à margem direita deve ser preenchido com reticências.

A pessoa que numerar e rubricar as páginas deverá também redigir o termo de abertura.

O livro de atas deve conter termos de **abertura** (indicação da finalidade do livro) e de **encerramento** (ao final, datado e assinado por pessoa autorizada).

Exemplo de termo de abertura

Este livro contém 140 páginas por mim numeradas e rubricadas e se destina ao registro de atas da Escola Sílvia Naves.

Exemplo de termo de encerramento

Eu, Celso Faria, diretor da Escola Sílvia Naves, declaro encerrado este livro de atas.
Varginha, 21 de junho de 2021

A fim de evitar espaços em branco, que possam ser adulterados, não se usam parágrafos.

Rasuras são inadmissíveis. Se houver algum engano, use expressões como **aliás**, **digo**, e a seguir escreva o termo correto.

∴ Estrutura

A ata obedece a uma estrutura fixa e padronizada:

Introdução

Deve conter o número e a natureza da reunião, o horário e a data (completa), escritos por extenso, local e o nome do presidente da reunião e demais participantes.

Desenvolvimento

Também conhecido como contexto. Nele deverão estar contidos ordenadamente os fatos e decisões da reunião. Lembre-se: precisão e clareza são fundamentais.

Encerramento

É a conclusão. Deverá conter a informação de que o responsável, após a leitura da ata, deu por encerrada a reunião e que o redator a lavrou em tal horário e data. Deve ainda informar as assinaturas.

∴ **Exemplo de ata**

ATA Nº 04/05

No dia dezoito de janeiro do ano de dois mil e cinco, às quinze horas e trinta minutos, na sala de reuniões da Biblioteca Municipal, à rua Barão de São Fidélis, nº 214, na cidade de Morro Azul – Rio Grande do Norte, teve início a quarta reunião da Sociedade Filantrópica Comida no Prato, com a presença do presidente Marcelo Barboza, dos diretores Jair de Souza, Célia Passos, Maria Bonfim, Alberto Tavares, do tesoureiro Fernando Costa e do secretário Felipe Jordão da Silva. O presidente Marcelo Barboza abriu a sessão lendo as muitas mensagens recebidas cumprimentando a instituição pelo bom resultado da Campanha de Natal e em seguida apresentou os assuntos a serem discutidos: a proposta feita pela prefeitura local para que a Sociedade seja parceira na campanha "Arborizando, refresca...", a ser lançada em março próximo; a compra de um terreno para fazer uma horta comunitária; e, futuramente, a construção de uma sala com banheiro para sediar a Sociedade; prestação de contas referentes ao quarto bimestre do ano de dois mil e quatro. A senhora Célia Passos discordou da ideia de parceria que envolva partidos políticos, argumentando que o trabalho da Sociedade vai além dos quatro anos que o Poder reserva para os governantes e que o perfil da instituição não é fazer caridade, mas despertar os indivíduos para alternativas que possibilitem apuro na qualidade de vida. Dito isso, todos os presentes votaram contrários à ideia da parceria. Em seguida, o tesoureiro Fernando Costa apresentou o balanço das contas de final de ano e aproveitou para anunciar que, em menos de dois anos, a instituição poderá ter uma pequena sede, uma vez que a ajuda financeira vinda dos comerciantes locais cobriu todas as despesas. Feitas as contas, constatou-se que o ano foi fechado com dois mil e quatro com dez mil reais em caixa. O diretor Alberto Tavares sugeriu que este dinheiro fosse usado para dar entrada na compra de um terreno. Todos os presentes aplaudiram a ideia. Nada mais havendo a tratar, foi feita a leitura da ata que todos os presentes aprovaram. O presidente Marcelo Barboza deu por encerrada a reunião, às dezessete horas e trinta minutos, e a presente ata, lavrada por mim, Felipe Jordão da Silva, será assinada por todos os presentes. ....

Participantes:

Assinaturas:

∴ Ficha de registro de reunião

O mundo moderno exige praticidade e rapidez. Algumas empresas vêm substituindo a ata por um determinado tipo de ficha. Deve-se atentar para o fato de a ficha não possuir o mesmo valor jurídico de uma ata.

∴ Exemplo de ficha de registro de reunião

Tipo de reunião: Assembleia Ordinária

Data: 18 de janeiro de 2022

Duração: Das 15h30min às 17h30min

Objetivos: Discussão de propostas

Assuntos tratados: Proposta feita pela prefeitura local para que o Grupo seja parceiro dela na campanha "Arborizando, refresca...", a ser lançada em março próximo; a compra de um terreno para fazer uma horta comunitária e, futuramente, a construção de uma sala com banheiro para sediar a instituição; prestação de contas referentes ao quarto bimestre do ano de dois mil e quatro.

Conclusão: Recusou-se a proposta de parceria com a prefeitura; foi aprovada a compra de um terreno.

Participantes: Marcelo Barboza, presidente;
Jair de Souza, Célia Passos, Maria Bonfim, Alberto Tavares, diretores;
Fernando Costa, tesoureiro;
Felipe Jordão da Silva, secretário.

Assinaturas:

∴ Bilhete

Meio rápido e simples de transmitir uma mensagem. Normalmente, é dirigido a uma pessoa próxima, íntima e, por isso mesmo, costuma ser redigido em linguagem informal. Atenção à qualidade do texto. Por seu caráter descontraído, o bilhete não requer papel específico nem segue um padrão formal. Entretanto, deve ter boa apresentação. Seja breve, mas mantenha a clareza. Atenção à letra legível, obediência aos parágrafos e respeito às regras gramaticais.

∴ Forma de organização

Um bilhete deve ser composto por:

Vocativo
Redija o nome do receptor, sem emprego de tratamento especial.

Texto
Atente para a marca de parágrafo e informações necessárias à comunicação de forma ordenada.

Fecho
Escreva seu nome legível (não sua assinatura), seguido de data.

∴ Exemplo de bilhete

> Pedro,
>
> São 10h e ainda estamos sem o material para montarmos a barraca da festa. O combinado foi que estivesse tudo pronto às 18h, mas parece que não vai ser possível. Por favor, explique isso ao coordenador de eventos.
>
> Quando você vier para cá, traga as notas das compras de ontem.
>
> Obrigado
>
> João
>
> 12/01/22

.. Carta comercial

As cartas têm diversos destinos e funções variadas. Podem informar, solicitar, persuadir, oferecer, reclamar, cobrar etc. Devem ser breves, objetivas e claras.

Antes de escrever, esboce os **3Q+POC** (veja pág. 94). Caso não consiga preencher todos os campos, não se preocupe. O esquema irá ajudá-lo de alguma forma.

O texto deve ser formal, não exagerando na rigidez. Cuidado para não parecer rude. Não há necessidade de preâmbulos; seja objetivo e evite chavões como **vimos através desta; vimos por meio desta; tem a presente a finalidade de; aproveitamos o ensejo; a oportunidade; temos em nosso poder; temos em mãos sua carta;** entre tantos outros.

Também não é necessário avisar que a carta está no fim. Evite: **limitados ao exposto, encerramos; sendo o que nos resta oferecer para o momento; sem mais; sem mais nada para o momento** etc.

∴ Forma de organização

Cabeçalho ou timbre
Referência da empresa – logotipo, símbolo ou emblema. Geralmente, já vêm impressos no papel de carta.

Número de controle
Ajuda o destinatário a responder, mencionar a referência e controlar a correspondência. A colocação à direita facilita a leitura.

Data
O dia deve ser indicado sem o zero na frente; o nome do mês, com letra inicial minúscula (caixa-baixa); na indicação do ano, não se coloca ponto ou espaço separando o milhar.

Destinatário
O nome da empresa ou pessoa a quem a carta se destina. Não há necessidade do endereço do destinatário, que constará no envelope da carta.

Referência
É o conteúdo sintetizado da carta a fim de facilitar o registro para quem a recebe. Não há necessidade de redigir *Ref.* ou *Referência*, pois a posição da frase na carta já indica esse elemento. É opcional.

Invocação ou vocativo

Palavras como **caro** e **prezado** são bem-vindas.

Conteúdo (corpo da carta)

Disposto no centro do papel com os respectivos parágrafos (informação inicial, desenvolvimento do tema e conclusão).

Saudação final

Expressões longas, que nada acrescentam de importante, caíram em desuso.

Em geral, usa-se **Atenciosamente**.

Pode-se usar também **Cordialmente**.

Evite expressões como: Ansiosamente esperamos sua resposta; Agradecemos antecipadamente; Sem mais, subscrevo-me; e outras fórmulas desgatadas.

Assinatura

Primeiro, o nome do remetente, depois seu cargo. Somente as iniciais devem ser em maiúsculas (caixa-alta).

Anexos

Podem ser citados no decorrer do assunto da carta.

Observações

Quando o papel é timbrado, pode-se suprimir o local antes da data, uma vez que o endereçamento completo aparece no pé da página.

No caso de empresas com filiais em diversos estados, mantenha o nome da cidade, para facilitar a identificação.

∴ Exemplo de carta comercial

Café Torrado do Brasil S.A.

DV/86/04

São Paulo, 18 de abril de 2004

Senhor Antonio da Silva
Gerente de Alimentos e Bebidas do
Restaurante Ervas Finas

Prezado Senhor,

Informamos que o prazo de entrega de nosso produto é de sete dias, contados a partir do recebimento de seu pedido. O pagamento deve ser realizado dentro dos 30 dias seguintes, preferencialmente por transferência bancária.

Em caso de pedidos de cem caixas de 500 gramas de Café Torrado, podemos conceder um desconto de 5%.

Estamos à disposição para qualquer informação adicional e para iniciar de imediato o atendimento de seu eventual pedido.

Atenciosamente

Marcelo Souza

Chefe de Vendas

Av. dos Bandeirantes, 5.896 – 7º andar
São Paulo – SP – CEP 08345-094
Telefax (11) 4088- 3221

∴ Circular

Objetiva, em uma empresa, dirigir-se a muitas pessoas ao mesmo tempo para transmitir avisos, ordens ou instruções.

∴ Forma de organização

A circular pode seguir o modelo de uma carta; o que a caracteriza é conter um assunto de interesse geral.

Muitas organizações, hoje em dia, preferem não destacar a ementa (assunto).

A linguagem deve ser a mais simples e objetiva possível, a fim de não dar margem a outras interpretações.

∴ Exemplo de circular

Editora
Novos Horizontes Ltda.

Rua João Cabral, 251 – Recife – PE – CEP 20356 002
Telefax (74) 232425 – www.ednh.com.br
E-mail: ednh novoshorizontes.com.br

Circular n° 19   Recife, 8 de outubro de 2021

Assunto: Suspensão de expediente

Não haverá expediente na próxima sexta-feira em virtude da obra para a instalação da nova rede elétrica do prédio.

_____
Nara Matos
Diretora Administrativa

CDA/mq

∴ Currículo ou *curriculum vitae*

Documento elaborado por alguém que tem como objetivo apresentar seus dados pessoais, sua formação e experiência profissional.

∴ Forma de organização

Seguem-se dois modelos. Escolha um, de acordo com a sua necessidade.

As informações devem ser sucintas, a fim de facilitar a leitura, e passíveis de comprovação por meio de documentos, caso isso seja solicitado.

Em relação à escolaridade, declare somente o grau mais elevado.

Quanto às atividades profissionais, relacione-as partindo das mais recentes para as mais antigas; algumas empresas preferem que sejam destacadas apenas as experiências ligadas ao cargo pretendido.

Atente para o aspecto estético. A apresentação já é um diferencial. O currículo deve ser – sempre – digitado.

∴ Exemplos de currículo

MODELO I

1. DADOS PESSOAIS
Nome: INÊS SOLLERO CAMPOS
Data de nascimento: 24 de setembro de 1979
Endereço: Rua Morro Azul, 546 – Canoa Velha – GO – CEP 34700-000
Tel. (33) 3939-3945
E-mail: iscampos@sfg.com.br

2. DADOS ACADÊMICOS
Formação: Universidade Federal de Comunicação de Goiás, de 1994 a 1997
Cursos de aperfeiçoamento e especialização:
A imprensa e o poder (UBIPA), 1999
A televisão na formação da família (USF), 2000
Idiomas: espanhol e francês (fluentes)

3. EXPERIÊNCIA PROFISSIONAL
Editora-chefe do *Jornal da Noite*, de 2002 a 2004
Jornalista e editora do *Jornal da Noite*, de 1999 a 2002
Jornalista do Jornal *Olho Vivo*, de 1996 a 1998
Estágio como jornalista do *Jornal Olho Vivo*, de 1995 a 1996

4. ATIVIDADE PRETENDIDA
Editora-chefe do *Jornal TV em Casa*

5. REFERÊNCIAS
Jornal da Noite, Jornal Olho Vivo

MODELO 2 *CURRICULUM VITAE*

1. DADOS PESSOAIS
Nome: LUIZ ANTONIO DE ASSIS FERREIRA
Rua das Laranjeiras, n° 29
Japuri – Santa Catarina – CEP 88241-320
Tel. (48) 2758-3689   E-mail:luizferreira@cdp.com.br
Estado civil: casado
Data do nascimento: 10 de julho de 1978

2. PROFISSÃO
Secretário auxiliar

3. FORMAÇÃO ESCOLAR
Escola Estadual Tomás dos Santos
Ensino Fundamental – 1992
Colégio Estadual Thomas Barcellos
Ensino Médio – 1995
Senac – Curso de Secretário Auxiliar – 1996

4. OUTROS CURSOS
Língua espanhola
Curso Cervantes – 1993 – 1997
Língua inglesa
Curso *Speak and Sing* – 1992 – 1998
Informática
Processador de textos – Curso *Software* – 1999

5. ATIVIDADES PROFISSIONAIS
Secretário auxiliar – março de 1997 a março de 1999
TT Construção e Recuperação Engenharia Ltda.
Estrada do Sol, 258 – Japuri – Santa Catarina
Tel. (48) 2758-6200 E-mail: ttcr@grh.com.br

Secretário auxiliar – de abril de 1999 até a presente data
Areias Som e Cores Decoração Ltda.
Rua Santo André, 45 – Japuri – Santa Catarina
Tel. (48) 2758-0026 E-mail: ascd@areias.com.br

∴ Declaração ou atestado

Documento que serve para declarar boa conduta, prestação de serviços, conclusão de cursos, entre outros. Deve ser fornecido por pessoa credenciada ou idônea, que nele assume a responsabilidade de uma situação ou ocorrência de um fato. Daí ter o caráter de documento.

∴ Forma de organização

Pode ser manuscrito em papel-ofício, mas o mais comum é ser digitado e impresso.

Timbre

Impresso como cabeçalho, contém o nome do órgão ou empresa. As empresas geralmente possuem um impresso com seu logotipo. Nas declarações particulares, prefira papel sem timbre.

Título

Deve ser colocado no centro da folha, em caixa-alta.

Texto

Inicie-o quatro linhas abaixo do título. No texto devem constar:

- Identificação do emissor. Se houver vários emissores, é aconselhável escrever, para facilitar, **os abaixo assinados**.

- Os verbos atestar / declarar devem aparecer no presente do indicativo, na 3ª pessoa do singular ou do plural.

- Finalidade da declaração. Em geral, usa-se: **para os devidos fins; para fins de trabalho; para fins escolares**.

→ Nome e dados de identificação do interessado. Podem vir em caixa-alta para facilitar a visualização.
→ Citação do fato a ser atestado.

∴ Exemplo de declaração

Declaração

Francisco Parente, Diretor do Departamento de Pessoal da Empresa *Veracidade Fotos e Fatos Ltda*, declara para os devidos fins que ELIAS SEPÚLVIDA AMARO, portador da carteira de identidade nº 885777497 (IFP-AM) e do CPF nº 230785337-88, faz parte do nosso quadro de funcionários desde 2 de janeiro de 2001. Responsável pelo Departamento de Criação e Arte, a partir de agosto de 2003, tem demonstrado eficiência no cumprimento de suas funções.

Cruzeiro do Sul, 5 de janeiro de 2005

_____
Francisco Parente

Rua Luz e Sombra, 35/sobreloja
Cruzeiro do Sul – RJ – CEP 20367-009
Telefax (21) 2123-2489
E-mail: veracidade@fotosefatos.com.br

∴ Memorando

Forma de correspondência interna que as empresas ou os órgãos oficiais usam para estabelecer a comunicação entre seus setores e departamentos. É um tipo de correspondência do dia a dia, rápida e objetiva, daí ser conhecida como bilhete comercial ou memorando interno.

∴ Forma de organização

Use papel timbrado.

Redija o número do memorando, a data, os nomes do emissor e do destinatário da comunicação.

Algumas empresas, com o intuito de facilitar ainda mais a comunicação, acrescentam o item assunto, que destaca o tema tratado no memorando.

Cada um deve tratar apenas de um assunto; logo, se houver cinco assuntos, serão necessários cinco memorandos.

SÓ PARA LEMBRAR

O memorando caracteriza-se pela simplicidade e um certo grau de informalidade, o que não pode ser confundido com intimidade. Não use um tom descontraído, como se conversasse com amigos. É um documento, não se esqueça. Não são necessários tratamentos afetuosos e formais tais como prezado, um abraço, cordialmente, respeitosamente etc.

∴ Exemplo de memorando

Salvacar Mecânica Ltda.

Memorando   nº 17
Data:10/1/2022

De: Lilian Jucovsky – Diretora do Departamento de Pessoal

Para: Gilberto Passos de Brito – Chefe do Setor de Transportes

Apresentamos o Sr. Caetano Bandeira, motorista categoria D, portador da CNH nº 20101969035, que, a partir desta data, fará parte do nosso quadro de funcionários.

                                         Lilian Jucovsky

.. Ofício

De acordo com o professor Antônio Houaiss, é uma comunicação adotada no serviço público, entre autoridades da mesma categoria ou de autoridades a particulares, ou ainda de inferiores a superiores hierárquicos. Caracteriza-se por obedecer a certa fórmula epistolar e também pelo formato do papel (ofício).

∴ Forma de organização

Por se tratar de comunicação de caráter público, o ofício requer certo grau de formalidade.

Observe as formas de tratamento requeridas pelo cargo ocupado pela pessoa a quem se dirige. Caso seja um dirigente governamental, a forma vocativa deve ser **Excelentíssimo Senhor**, seguida do respectivo cargo.

Observe:

Excelentíssimo Senhor Presidente da República

Caso seja outro tipo de autoridade, empregue o vocativo **Senhor**, acompanhado do cargo ocupado:

Senhor Deputado; Senhor Prefeito; Senhor Ministro.

É desnecessário o uso de *D.D.* (Digníssimo) e *M.D.* (Mui Digníssimo), partindo-se do pressuposto de que quem ocupa um cargo público já é, por si só, digno.

Saudação final

Atenciosamente deve ser usado entre pessoas que ocupam o mesmo cargo ou cargos hierarquicamente inferiores ao do remetente.

Respeitosamente é usado para cargos hierarquicamente superiores.

Envelopes

Quando endereçados a chefes governamentais e demais autoridades tratadas por **Vossa Excelência**, você deve subscritar:

Excelentíssimo Senhor Fulano de Tal
Ministro da .... (Saúde, Educação etc.)
Endereço completo

Quando endereçados a autoridades tratadas por **Vossa Senhoria**, elimine o **Excelentíssimo Senhor**:

Ao Senhor
Fulano de Tal
Cargo
Endereço completo

∴ Exemplo de ofício

Prefeitura Municipal de Barra do Jabaquari
Secretaria de Turismo e Cultura

Ofício nº 14/05

Barra do Jabaquari, 22 de janeiro de 2005

Sr. Prefeito
Fernando Lopes

Neste ano, Carlos Cintra de Miranda completaria cem anos. É intenção desta Secretaria comemorar esse centenário com eventos que valorizem a música, o teatro, a poesia e a fotografia do nosso artista maior. Para a concretização do projeto, solicitamos o empréstimo do Salão Oval da Câmara Municipal – no período entre os dias dezessete de fevereiro e trinta de agosto – para os ensaios, a montagem de uma exposição e a promoção de atividades culturais de integração com a comunidade. Contamos também com a liberação da verba, no valor já referido e discriminado em ofício a esta Prefeitura (nº 09/05), para o dia dez de fevereiro próximo, data do pagamento da primeira parcela referente ao trabalho de marcenaria que acompanhará todo o nosso trabalho.

Certos do seu apoio,

Respeitosamente

Marcos José
Secretário de Turismo e Cultura

∴ Procuração

Documento em que uma pessoa (jurídica ou física) autoriza alguém a agir ou realizar negócios em seu nome. Pode ser de dois tipos:

Pública

Lavrada por tabelião em Livro de Notas. O traslado (cópia autêntica do que consta no livro) fica em poder do procurador. É usada em casos de compra e venda de imóveis, por exemplo.

Particular

Digitada ou manuscrita, sem registro no Livro de Notas.

Em uma procuração, aquele que concedeu poderes é denominado **mandante**, **outorgante** ou **constituinte**; quem recebe é **mandatário**, **outorgado** ou **procurador**.

Os poderes são considerados gerais se o outorgante declara que são **amplos**, **gerais**, **ilimitados**; são **especiais** quando o outorgante estipula no documento qual o poder – ou poderes – delegado.

∴ Forma de organização

Título

Deve ser escrito em cima, no centro, na primeira linha útil da folha, com todas as letras em caixa-alta.

Texto

Deixe um espaço correspondente a quatro linhas para iniciá-lo. O outorgante deverá se identificar (nome, nacionalidade, estado civil, profissão, documentação, endereço), declarar quem é o procurador e identificá-lo com os mesmos dados. Especifique se os poderes concedidos são gerais ou especiais.

Localidade e data

Deixe um espaço correspondente a três linhas e escreva a localidade e a data.

Assinatura

O outorgante deve assinar três espaços abaixo da data.

Testemunhas

Se a procuração for particular, algumas vezes são necessárias duas testemunhas. Nesse caso, deixe um espaço de seis linhas após a assinatura e escreva a palavra *testemunha*; logo abaixo, sua identificação (endereço, número e órgão emissor da identidade ou do CPF). Em seguida, deixe o mesmo espaço (três linhas) e repita o mesmo procedimento com a segunda testemunha.

∴ Exemplo de procuração

PROCURAÇÃO

Por este instrumento particular de procuração, eu, MANOEL AUGUSTO MENDES, brasileiro, solteiro, cozinheiro, portador da carteira de identidade nº 167586902-2 IFP, CPF 583890123-92, residente à rua Miguel Santana, nº 119, nesta cidade, nomeio e constituo meu bastante procurador o Sr. PEDRO AUGUSTO MENDES, brasileiro, casado, garçom, portador da carteira de identidade nº 716685209-3 IFP, CPF 585098321-91, residente à rua Pedro de Orleans, nº 56, nesta cidade, para o fim específico de retirar, junto ao Banco Soares Marinho, meus rendimentos relativos ao Fundo 235, exercício de 2020, estando, para tal fim, autorizado a assinar recibos e documentos e a praticar todos os atos necessários ao desempenho deste mandato.

São Tarcísio, 23 de janeiro de 2021

_____
Manoel Augusto Mendes

Testemunhas:

_____
Clarice Alves
CPF 888333555-93
Rua Lagoa Feia, 33 – CEP 20345-008

_____
Sandra Miero Injima
CPF 555888333-93
Rua Mar do Norte, 47 – CEP 20678-090

∴ Requerimento

Usado para dirigir-se a uma autoridade quando um pedido necessita do amparo da lei. Sua estrutura é rígida, aceitando-se poucas variações. Alguns órgãos públicos e instituições dispõem de um modelo pronto a ser copiado ou somente preenchido pelo interessado. Assim, pode ser transcrito à mão, geralmente em folha de papel almaço (duplo, se forem anexados papéis solicitados), ou digitado e impresso em papel (ofício) sem pauta.

∴ Forma de organização (estrutura simplificada)

Invocação

Indicada no alto da folha, na margem esquerda. O pronome de tratamento adequado deve ser seguido do título ou do cargo da autoridade a quem se dirige. Se o documento for digitado, escreva a invocação em caixa-alta, embora não seja incorreto empregar somente as iniciais maiúsculas.

Texto

Após a invocação, reserve um espaço de aproximadamente dez linhas para iniciar o texto (em espaço dois quando digitado).

Comece o texto pelo nome do requerente (em caixa-alta), seguido de seus dados de identificação (nacionalidade, estado civil, endereço, identidade, CPF e outros dados exigidos pelo documento). Em algumas situações específicas, você deverá mencionar sua filiação e os números de outros documentos, como carteira de trabalho, registro profissional, matrícula, entre outros.

Após a identificação, inicie a exposição do que está sendo solicitado. O texto, além de conciso e o mais claro possível, deve conter uma justificativa para o que está sendo requerido (apoio legal, documentos comprobatórios etc.). Empregue a 3ª pessoa do singular (**vem requerer**).

Fecho

Deve vir aproximadamente três linhas abaixo do corpo do texto, do lado direito da folha (caso se adote a disposição em bloco compacto, deve ficar na margem esquerda). Geralmente, o fecho obedece à seguinte forma:

Em linha única:
Termos em que pede deferimento.
Ou:
Pede e aguarda deferimento.

Em duas linhas:
Termos em que
Pede deferimento.
Ou:
Nestes termos
Pede deferimento.
Ou:
Termos em que
Pede e aguarda deferimento.

Data

Cerca de duas linhas abaixo do fecho escreve-se o nome da localidade e a data completa. A data pode ficar tanto à margem direita como à esquerda.

Assinatura

Aproximadamente duas linhas abaixo da data. Não é necessário digitar o nome do requerente abaixo da assinatura, já que foi mencionado no texto.

Observação

Entregue o requerimento mediante recibo à seção de Protocolo do órgão ao qual é dirigido. Informe-se sobre o despacho da autoridade (deferido ou indeferido) nessa mesma seção.

∴ Exemplo de requerimento

SENHOR DIRETOR DO COLÉGIO VISCONDE DE NITERÓI

CAROLINA SEREJO, brasileira, solteira, professora, registro no MEC nº 3000670, carteira de trabalho nº 456, série 237, residente à rua Rafael Machado, nº 29, ap. 101, nesta cidade, portadora da carteira de identidade nº 123456789-93, por ora impedida de continuar trabalhando nessa instituição, por motivos particulares, vem requerer a concessão de licença para tratamento de saúde, por dois anos, como lhe faculta a lei.

Nestes termos
Pede deferimento.

Guarapoã, 17 de janeiro de 2005

Carolina Serejo

.. Correspondência eletrônica

O computador é hoje o meio utilizado para quase todas as formas de comunicação. Isso vai desde um simples memorando digitado em um programa de edição de texto até a produção de livros ou revistas por meio de *softwares* de editoração eletrônica. Muitas empresas, por exemplo, possuem redes internas, por onde circulam comunicados institucionais para todos os funcionários. Mas nada é mais usual do que as mensagens eletrônicas (*e-mails*) suportadas pela rede mundial de computadores – a internet.

Entretanto, embora a tecnologia tenha tornado a comunicação mais ágil, escrever não ficou mais fácil. A rapidez de envio de mensagens não deve ser confundida com irreflexão. Os textos enviados pelo computador também precisam ser claros, coerentes e objetivos – ou não serão compreendidos e levarão a mal-entendidos e a outros contratempos. Portanto, não se esqueça das regras da norma culta ao mandar seus *e-mails*: em algum ponto da rede seu leitor entende e agradece.

Há outras regras que precisam ser aprendidas para a comunicação eletrônica. Chamam-se netiquetas e dizem respeito aos princípios de comportamento (etiqueta) que devem ser obedecidos pelos usuários da internet. De acordo com essas normas, por exemplo, você deve responder prontamente às solicitações recebidas, não enviar propaganda indesejada, respeitar os direitos autorais, não passar adiante correntes ou boatos, e por aí vão outros. A lista é longa e você pode encontrar mais informações sobre o assunto nos *sites* www.ufpa.br/dicas/mail11ma.htm e www.netiquete.org, entre outros. Para evitar transtornos à sua imagem e à da sua empresa, vale a pena procurar saber mais sobre o comportamento no cyberespaço. Aqui, vamos nos deter às regras da correspondência eletrônica que dizem respeito estritamente ao nosso tema – a comunicação escrita.

∴ Algumas regras de ouro

→ Ao enviar uma mensagem, preencha a linha **Assunto** com uma palavra (ou frase curta) de fácil compreensão e que resuma claramente o teor de sua mensagem.

→ No início de suas mensagens, sempre faça uma saudação, que vai variar de acordo com a hierarquia do destinatário (**Prezado senhor, Caro colega, Fulana**).

→ Cuidado com os erros gramaticais ou de concordância. Um simples erro de digitação pode comprometer todo o seu texto. Por isso, releia tudo o que escreveu sempre antes de enviar a mensagem.

→ Nunca escreva textos com letras maiúsculas. Na internet, isso significa que você está gritando. Para enfatizar uma palavra ou frase, digite-a usando algum destaque na fonte, como itálico ou bold.

→ Procure ser breve. Nem sempre o destinatário pode ler mensagens longas. Mas, como às vezes precisa-se enviar textos longos (um extenso relatório, por exemplo), use o recurso do **Anexo**. Isso garante que seu texto chegará ao destinatário no formato que você digitou (justificado, com 1,5 cm de entrelinhas, entrada de parágrafos etc.).

→ Edite seu texto. Deixe espaço entre o título e o corpo da mensagem; escolha uma tipologia de fácil leitura, como *Arial* ou *Times*

New Roman; não use letras com corpo muito pequeno; considere a necessidade de usar espaço maior entre os blocos de texto para indicar a mudança de parágrafos.

→ Utilize a tecnologia dos editores de texto a seu favor (**cortar/copiar/colar**) e não hesite em mudar a ordem de frases ou mesmo de parágrafos, se isso trouxer mais clareza ao seu texto. Mas convém sempre fazer uma cópia de segurança, para o caso de você desistir das alterações e querer voltar à forma original.

→ Ao final da mensagem, use as formas de encerramento já descritas neste capítulo, conforme a hierarquia do destinatário (Atenciosamente, Respeitosamente...). Assine a mensagem ou crie uma assinatura eletrônica contendo nome, empresa e cargo.

Abreviaturas e siglas

Abreviatura é a representação escrita de uma palavra sem algumas das letras que a compõem. Por exemplo: br. = brasileiro, cód. tra. = código do trabalho, enf. = enfermagem.

Sigla é a reunião das letras iniciais dos vocábulos de uma denominação ou título. Por exemplo: FGTS = Fundo de Garantia por Tempo de Serviço, IAA = Instituto do Açúcar e do Álcool, Chesf = Companhia Hidrelétrica do São Francisco.

As abreviaturas são recursos para economizar tempo e espaço. Por isso as encontramos nos cadernos de classificados dos jornais (Ap. = apartamento, Av. = Avenida), em textos oficiais (art. = artigo, dec. = decreto, jur. = jurídico) e comerciais (Ltda. = limitada, sr. = senhor, dep. = departamento), entre outros. Mas, além de conhecer algumas regras para formar as abreviaturas, é preciso ter bom senso ao empregá-las – em excesso, podem tornar seu texto difícil de ler ou mesmo indecifrável.

Vários autores tratam desse assunto. Optamos por seguir as orientações para formação e uso das abreviaturas e siglas contidas no *Manual de Redação e Estilo do Estado de São Paulo* e nos sites estagio@icmc.usp.br e www.andima.com.br/Imprensa/glossario.asp.

Formação e uso de abreviaturas

→ Em geral, as abreviaturas são formadas com a primeira ou as primeiras letras da palavra, terminando em consoante (fev. = fevereiro). Entretanto, admite-se que algumas abreviaturas terminem em vogal, em casos de encontros consonantais (ago. = agosto).

→ Devem ter no máximo a metade das letras da palavra original.

→ Usa-se ponto ao final das abreviaturas. Quando o ponto da forma abreviada coincidir com o final da frase, não há necessidade de se repetir a pontuação. Como no exemplo: O fato aconteceu no ano 346 d.C.

→ Devem ser mantidos os acentos e hífens na forma abreviada (séc. = século, hisp.-am. = hispano-americano).

→ Evite abreviaturas em textos dissertativos.

→ Escrevem-se com letra minúscula as formas **sr.** e **sra.** Usam-se maiúsculas para as formas cerimoniosas: **S. Sa.** (Sua Senhoria), **V. Exa.** (Vossa Excelência), **Ilmo. Sr.** (Ilustríssimo Senhor). No plural, usam-se **srs.**, **sras.**, **S. Sas.**, **V. Exas.**, **Ilmos. Srs.**

142 COMUNICAÇÃO ESCRITA

Chamam-se símbolos as abreviaturas das unidades oficiais de medidas. Não devem terminar em ponto e não admitem plural (9 km, 5 h 40 min, 300 g, 2 l).

Formação e uso de siglas

São escritas com maiúsculas as siglas com até três letras: ONU = Organização das Nações Unidas, CEF = Caixa Econômica Federal, PIB = Produto Interno Bruto.

Escrevem-se apenas com a letra inicial maiúscula as siglas de quatro letras ou mais que são pronunciáveis: Petrobras = Petróleo Brasileiro, Eletronorte = Centrais Elétricas do Norte, Embrapa = Empresa Brasileira de Pesquisa Agropecuária.

Escrevem-se com maiúsculas as siglas de quatro letras ou mais quando se pronuncia cada uma de suas letras ou parte delas: INSS = Instituto Nacional de Seguridade Social, DNER = Departamento Nacional de Estradas de Rodagem, RFFSA = Rede Ferroviária Federal Sociedade Anônima.

Ao usar uma sigla pela primeira vez num texto, é preciso escrever por extenso o nome do órgão que ela representa e a seguir colocá-la entre parênteses.

Não use pontos para separar as letras de uma sigla.

Não use ponto ao final das siglas, a não ser que elas estejam no final da frase.

Abreviaturas mais usuais

a

Aguarda Deferimento – A.D.
alvará – alv.
ao ano – a.a.
ao mês – a/m
ao(s) cuidado(s) de – a/c.
apêndice – apênd.
artigo, artigos – art., arts.
assembleia – assem., assemb.
associação – assoc.
atestado, à atenção de – at.
Avenida – Av.

c

capítulo, capítulos – cap., caps.
circular – circ.
citação, citado(s) – cit.
classe(s) – cl.
código – cód.
companhia – Cia.
compare – cp.
conforme – cf.
conta-corrente, com cópia(s), combinado com – c.c.

d

decreto – dec.
departamento, departamentos – dep., deps.

e

edição – ed.
em mão(s) – E.M.

endereço – end.
espera deferimento – E.D.
Estrada – Est.
exemplar(es), exemplo(s) – ex.

f

fascículo – fasc.
folha, folhas – f., fl., fs., fls.

i

idem (o mesmo, do mesmo autor) – id.
isto é – i.e.

j

jurídico – jur.

l

Limitada (comercialmente) – Ltda.
livro – liv.

m

manuscrito, manuscritos – ms., mss.
memorando – memo., memor.
mês, meses – m.
Município, Municípios – M., MM.

n

nota bene (nota/note bem) – n.b.
numeral – num.
número – nº

o

observação – obs.
ofício, oficial – of.
organização – org., organiz.

p

página(s) – p., pág., pp., págs.
pago (adjetivo), pagou – pg.

palavra(s) – pal.
parecer – par.
Pede Deferimento – P.D.
Pede Justiça – P.J.
por exemplo – p. ex.
por ordem – p.o.
por procuração – p.p.
porque – pq.
portaria – port.
post scriptum (depois de escrito, pós-escrito) – p.s.
processo, procuração – proc.
professor, professores – prof., profs.
professora, professoras – profa., profas.
promotor – prom.

receita – rec.
referência, referente – ref.
registro – rg., reg.
relatório – rel., relat.
remetente – remte.
residência – res.
Rua – R.
rubrica – rubr.

seção – seç.
secretaria, secretário, secretária – sec., secr.
século, séculos – séc., sécs.
seguinte, seguintes – seg., segs., ss.
sem data – s.d.

seminário – sem., semin.
senador – Sen.
senhor, senhores – sr., srs.
senhora, senhoras – sra., sras.
senhorita, senhoritas – srta., srtas.
série – ser.
sine die (sem dia marcado, sem data marcada) – s.d.
sociedade (comercialmente) – soc.
Sociedade Anônima – S.A.
Sua Excelência – S. Exa.
Sua Senhoria – S. Sa.

t

também – tb.
telefone, telegrama – tel.
termo, termos – t., tt.
tesoureiro – tes.
testamento – testo.
testemunha – test.
título(s) – tít.
tomo, tomos – t., ts.
tratado, tratamento – trat.

v

vereador – ver.
você – V., v.
volume, volumes – vol., vols.
Vossa Eminência, Vossas Eminências – V. Ema., V. Emas.
Vossa Excelência, Vossas Excelências – V. Exa., V. Exas.
Vossa Senhoria, Vossas Senhorias – V. Sa., V. Sas.

Referências

BORGES, Márcia Moreira; NEVES, Maria Cristina R. **Redação empresarial**. Rio de Janeiro: Ed. Senac Nacional, 1997.

CEREJA, William Roberto; MAGALHÃES, Thereza Cochar. **Gramática reflexiva:** texto, semântica e interação. São Paulo: Atual, 1993.

CUNHA, Celso; CINTRA, Luis Filipe Lindley. **Nova gramática do português contemporâneo**. 2. ed. Rio de Janeiro: Nova Fronteira, 1985.

DOM Eusébio condena a desigualdade social. **O Globo**, Rio de Janeiro, 12 jun. 2004.

ÉPOCA. Nestlé faz bem. São Paulo: Ed. Globo, n. 319, 28 jun. 2004. Encarte.

FARACO, Carlos Emilio; MOURA, Francisco. **Gramática**. São Paulo: Ática, 1999.

FIORIN, José Luiz; SAVIOLI, Francisco Platão. **Lições de texto:** leitura e redação. São Paulo: Ática, 1998.

HOUAISS, Antonio; VILLAR, Mauro de Salles; FRANCO, Francisco Manoel de Mello. **Dicionário Houaiss da língua portuguesa**. Rio de Janeiro: Objetiva, 2001. Publicado em parceria com o Instituto Antonio Houaiss de Lexicografia.

_____. **Dicionário Houaiss de sinônimos e antônimos**. Rio de Janeiro: Instituto Antonio Houaiss de Lexicografia, 2003. Publicado em parceria com a Ed. Objetiva.

INFANTE, Ulisses. **Curso de gramática aplicada aos textos**. São Paulo: Scipione, 2001

MARTINS FILHO, Eduardo L. (org.). **Manual de redação e estilo**. São Paulo: O Estado de São Paulo, 1990.

SANTOS, Joaquim Ferreira dos. Então. **O Globo**, Rio de Janeiro, 27 out. 2003. Segundo Caderno.

TERRA, Ernani; NICOLA, José de. **Gramática, literatura & redação para o ensino médio**. São Paulo: Scipione, 1997.